카탈루냐語 문법

Gramàtica Catalana

한국외대 부속외고

조 경 호

1945

문 예 림

저 자 조 경 호 (趙敬浩)

〈약 력〉
• 한국외국어대학교 스페인어과
• 한국외국어대학교 대학원 서어서문학과 (서어학) 석사
• 한국외국어대학교 대학원 서어서문학과 (서어학) 박사과정 수료
• 한영외국어고등학교 스페인어 담당 역임
• YMCA(종로)외국어학원 스페인어 담당 역임
• (신림동) 춘추관 법정연구회 스페인어 담당 역임
• EdustarTV 스페인어 방송강사 역임
• 한국외국어대학교 BK21 박사과정 연구원 역임
• (종로) 청문외국어학원 스페인어 담당 역임
• 현, 한국외국어대학교 부속외국어고등학교 스페인어 담당

〈저서 및 논문〉
• 이베리아반도 내의 모음 규칙 연구(2000)외 다수 논문
• 스페인어 능력시험 DELE(2006)　　• 스페인어 언어학 · 문법사전(2007)
• 핑먹고 알먹는 라틴어(2007)　　• 스페인어 능력 듣기시험(2007)
• 최신 스페인어 문법(2008)　　• 라 · 영 · 한 소사전(2009)
• 한서영 포켓단어장(2010)　　• 스페인어 회화 사전(2010)
• 스페인어 기초 어휘(2010)　　• 교과서 Escucha(2011, 공저)
• 스페인어 첫걸음(2012)
• El crónometro Manual de preparación del DELE A1(2012, 편역)

카탈루냐語 문법

초판 인쇄 : 2013년 7월 1일
초판 발행 : 2013년 7월 13일

저　자 : 조 경 호
펴낸이 : 서 덕 일
펴낸곳 : 도서출판 **문예림**
등　록 : 1962. 7. 12 제2-110호

주소 : 서울특별시 광진구 군자동 1-13 문예하우스 101호
전화 : (02)499-1281~2
팩스 : (02)499-1283
http://www.bookmoon.co.kr
E-mail : book1281@hanmail.net

ISBN 978-89-7482-736-6(13790)

＊잘못된 책이나 파본은 교환해 드립니다.

머리말

까딸루냐어는 라틴어에서 발전한 로망스어로서 스페인 내의 까딸루냐(Cataluña), 발레아레스(Baleares), 옛 발렌시아(Balencia) 왕국의 많은 지역과 안도라(Andorra), 프랑스 내의 로세욘(Rosellón), 쎄르데냐(Cerdeña)의 알구에르(Alguer) 시에서 사용되고 있습니다.

까딸루냐 지역에는 외부로부터 온 이주자들이 많이 있고, 스페인의 한 주(州) 정도 지역에서만 사용한다고 해서, 까딸루냐어를 언어학적인 측면에서 소수민의 언어로만 취급할 수는 없습니다. **Badia i Margarit**가 바르셀로나에서 실시한 조사에 의하면, 주민의 62%가 까딸루냐어를 계속 사용하고 있고, 나머지 사람들은 스페인 공용어인 까스띠야어와 다른 방언을 사용하는 것으로 나타나고 있습니다. 그리고 머리말의 앞쪽에 써놓은 지역들에서 아주 활발하게 사용되고, 체계가 잡혀있는 언어입니다. 과거 프랑코 독재체재에서 까딸루냐어를 교육 하지 못하게 하고, 까딸루냐어를 사용하는 대부분 사람들이 까스띠야어로 의사소통을 하도록 강요받았기 때문에, 한 동안 까딸루냐어의 사용이 활성화되지 않았었습니다. 하지만 프랑코 정권이 끝나고 자유롭게 까딸루냐어로 말하고 글을 쓰기 시작한 이후, 가족이나 생활 속에서 그들의 모국어인 까딸루냐어 사용이 정상화되었습니다. 학교 또는 공공기관에서는 공용어인 까스띠야어의 사용이 일반적인 추세였으나, 시간이 지날수록 까딸루냐 지방에서는 독자적인 공식 언어로 그 자리 매김을 해나가며 생활언어뿐 아니라, 행정적 언어로의 입지도 굳혀가고 있습니다. 그 가장 큰 예로는 1992년 바르셀로나 올림픽 때, 공용어인 스페인어과 함께 까딸루냐어가 공식언어로 사용되었었습니다.

이 책은 1997년 개인적인 관심으로 완성시켰던 문법 소책자로, 책을 완성하기 2~3년전 제게 도움을 많이 주신 한국외대 외국인교수님으로 재직하셨던 **Moisés Stankovich**교수님의 도움으로 스페인 바르셀로나 국영라디오 방송(**Radio Nacional de Barcelona**)에서 소개가 되었던 내용입니다. 한국의 출판의 여건이 성숙되지 않아 계속 출간하지 못하였었는데, 몇년 전에 전북대학교 서어서문학과에서 학진으로부터 지원을 받아 프로젝트로 까딸루냐어 사전을 출간하는 것을 보았습니다. 한국에서 힘들게 까딸루냐어를 공부하던 학도의 입장에서 너무 반가운 일이었습니다. 그래서 정말 어려운 출판의 여건에도 불구하고, 제 2외국어에 관심을 가지고 지원을 아끼지 않으시는 문예림 출판사의 서덕일 사장님 도움으로 이렇게 15년이 넘어서야 세상에 보여집니다. 다시 한번 지면을 통해 감사 드립니다.

2013. 4

조 경 호

목 차

Ⅸ. 참고 사항 ·161

카탈루냐語 문법

Gramàtica Catalana

　기원전 218년에 로마 정복이 암퓨리아스(Ampurias)에서 시작되고 라틴어가 이베리아(Ibèrics) 어와 바스크어(Basc)의 상층어로서 정착되기 시작했다. 5세기에 게르만 민족의 대이동이 시작되자, 카탈로니아 북동쪽에 침입한 서고트족은 문명이 낮았기 때문에 급속히 라틴화되었다. 7세기에서 8세기에 걸쳐 통속라틴어는 급속히 진보했다. 이 언어는 원래 비교적 단일했으나 다키아(Dacia), 갈리아(Gallia), 이베리아(Ibèria)로 확산됨에 따라 다른 인적기층과 이질적 언어습관과 조우하면서 많은 상이한 형태를 낳게 되었다. 이렇게 해서 이베리아반도에서는 갈리시아어, 포르투갈어, 카스티야어과 더불어 카탈로니아어가 형성되어 있었다.

　카탈로니아에서의 통속라틴어의 점차적 발전 자취를 더듬는 일은 불가능하다. 그러나 이베리아반도에서의 카탈로니아어는 공통 기반 위에서 생겨난 카스티야어에서 분화되면서, 갈리아의 라틴어와 아주 유사한 형태를 갖고 있었다. 특히 중세에 카탈로니아어와 프로방스어(호크어)는 매우 유사하며, 코로미네스(Joan Coromines, 1905~75)는 "만약 다른 로망 어가 서로 자매라면, 카탈로니아어와 호크어는 쌍둥이이다"라고 말했다.

　재정복은 759년부터 로마제국 제7주 Septimania[오늘날 프랑스령 랭그독(Languedoc)지방]에서 시작되었다. 카를르대제(Carlesmagne)는 프랑스 서사시의 최초 결작인 '로망의 노래'에 등장하는 것처럼, 778년에 피레네 산맥 이남에 대한 원정에 실패했으나, 카로링거 왕가는 집요한 싸움을 계속한 끝에 지로나(Girona), 빅(Vic), 카르도나(Cardona), 카사레스(Cassares)를 795년에, 바르셀로나(Barcelona)를 801년에 아랍인 손에서 다시 찾아오고, 이곳들을 토루즈후령(Marquesat de Tolosa)에 합병했다. 817년 고티아 후령(Marquesat de Gothia, 로마제국 제7주와 알프스 이남의 제국령)은 토루즈에서 독립하고, 873년 바르셀로나 백작집안 출신의 기프레(Guifrè) 1세가 왕위에 취임하였으며, 10세기에는 고티아 후령 중 구 로마제국 제 7주를 결합하여 장래 카탈로니아의 기초를 다졌다. 프랑크 제국은 10세기 말까지는 우르제리(Urgell), 팔리아루스(Pallars), 리바고루사(Ribagorça)를 획득하고, 모든 곳을 통치 하에 두었으나, 이슬람의 우마이야 왕조를 격멸시키는 일에 전념했기 때문에, 카탈로니아 지방에서의 프랑크 제국의 권력은 13세기에 이를 때까지 명목상의 것이었다. 실질적으로는 기프레 왕가가 통치하고 있었다. 라몬 베렝게(Ramón Berenguer, 1035~76) 1세는 1063~65년 전투에서 회교도를 없애고, 백작의 권리와 의무를 규정하여 「관습」을 공포하였다. 이것은 습관과 법령의 집대성으로, 카탈로니아의 정치적 기반으로 굳건히 하는 것이었다. 재정복은 서서히 진행되었으며, 11세기에는 타라고나가 탈환되었다.

한편, 9세기에서 11세기 사이에, 문장어로써의 라틴어에 카탈로니아어 표현과 어휘가 여기 저기 나타나게 되었다.

11세기 실제 인물인 시드 칸페아도르(Cid Campeador, 1043~99)는 카스티리아의 서사문학의 걸작「나의 시드의 노래」에 노래한 것처럼, 카스티야를 쫓아 사라고사의 회교도 왕에게 충성하고, 카탈로니아가 옹호하는 발렌시아의 회교도 왕과 싸웠다. 재정복은 계속해서, 토르토자(Tortosa)를 1150년에, 발레시아를 1238년에 해방하고, 이렇게 해서 카탈로니아 전체를 1250년에 크리스트 교도의 지배로 되돌려놓았다. 라몬 베렝게(Ramón Berenguer, 1096~1131) 3세는 바라게(Barlaguer)를 1106년에, 베자루(Besalú)를 1111년에, 세르다냐(Cerdanya)를 1117년에, 암프리단(Ampuridan)을 1123년에, 또 혼인에 의해 프로방스(Provence)를 획득했다. 그의 아들 베렝게 4세(1131~62)는 1137년 아라곤의 왕녀를 아내로 맞이해 집안의 세력을 계속 확장하면서, 토르토자(Tortosa), 리에이다(Lleida), 프라가(Fraga), 메키넨사(Mequinença)를 1148년부터 49년에 걸쳐 사라센인으로부터 탈취하고, 카탈로니아의 재정복을 완성시켰다.

카탈로니아 왕가의 판도는 피레네 이북에 이르렀으며, 알폰스(Alfons, 1162~96)) 2세는 프랑스의 루시온(Roussillon), 베아른(Béarn), 비고르(Bigorre)를 합병했다. 페레(Pere, 1196~1213) 2세는 크리스트교의 이단인 아르비파(albigeois)를 지지하여, 교황이 이끄는 십자군에 참패했다.

1150년경부터 순수한 카탈로니아어로 된 문헌이 등장했다. '오르가니아 복음서(Homelies d' Organyà) 講話'가 그 최초로, 12세기말 내지 13세게 초두에 성립되었다. 아주 최근에 서고트족의 '법률서(Forum judicum)'의 카탈로니아어 역서(譯書)가 발견되었다. 이것은 10세기 전반에 성립되었으며, 가장 초기의 카탈로니아 어휘를 포함하고 있다.

바레아레스 제도의 재정복의 경우에는, 아라곤의 자우메(Jaume, 1208~76) 1세가 마리요루카(Mallorca)를 1229년에, 에이비사(Elvissa)를 1235년에, 그의 조카인 알폰스(Alfons) 5세는 메노르카(Menorca)를 1287년에 획득하였다. 게다가 이 알폰스의 아들인 아라곤의 페레(Pere el Cerimoniós, 1319~87) 의례왕은 1354년 사르디니아 섬의 아르게(Alguer)에 카탈로니아의 거점을 마련했다.

13세기에, 카탈로니아는 지중해 교역, 해안무역, 양모산업에 의해 발전했다. 바르셀로나는 상업의 중심지로서 번영을 이루면서, 화폐를 주조하였으며, 매사에 있어서 '바다의 영사(領事)'는 지중해에서 가장 권력을 갖게 되었다. 1258년에 프랑스의 성왕 루이는 루시온에 대한 종주권을 포기하였다. 이후, 카탈로니아의 역사와 아라곤의 역사는 구분이 되지 않는다. 아라곤의 알폰스(Alfonso V el Magnánimo, 1396~1458) 5세 소위 관대한 왕은 카탈로니아의 해군력을 최강으로 만들었다. 13세기부터 15세기까지 카탈로니아의 영화는 지중해가 경제와 정치의 중심일 때, 바르셀로나를 근거지로 하여 계속되었으나, 이윽고, 대서양 항로의 발견을 계기로 하여, 안달루시아를 중심으로 일어난 카스티야에 그 자리를 내주게 되었다.

아라곤의 자우메 정복왕에서 페레(Jaume el Conqueridor, 1213~76) 의례왕까지, 다시 말해 아르비의 전투 후에서 14세기 말엽까지 카탈로니아의 시인은 남프랑스의 서정시인을 받아들여 그들의 작시법을 모방했다. 기리엠 드 세르베라(Guillem de Cervera)는 프로방스어로 작사했다. 마리요르카 섬에 라몬 리유리(Ramón Liull)가 나타나, 시에는 프로방스어, 산문에는 카탈로니아어를 이용하여, 서정, 이야기, 철학, 호교론, 신비주의, 교육론 등의 각 분양에 걸친 폭넓은 창작활동을 펼쳤다. 동시대인에 의사 아르나우 드 비라노바(Arnau de Vilanova)가 반(反) 구세주(Antecrist)의 도래를 믿고 활약했다. 이어서, 제네브레다(Antoni Genebreda, 1332~95)는 보에티우스(Boethius)의 카탈로니아어 번역 '철학의 위로(De consolatió de filosofia)'를 토로에리아(Guillem de Torroella, 1350~?)는 서정적 작품을 남겼다.

14세기 말엽부터 15세기 말엽에 이르는 1세기간, 카탈로니아의 시인은 남프랑스의 서정시에서 계속해서 영감을 얻었으나, 프로방스어를 버리고, 나아가 브리타니아 소재에도 주목하기 시작했다. 토루즈에서 프로방스어에 의한 시의 전통을 지킬 목적으로 1323년에 설립되었던 시 대회 '시가(詩歌)축제(Jocs florals)'를 모방하여, 카탈로니아어에 의한 최고의 시를 고르는 '바르셀로나 시가 축제(Consistori de Barcelona)'가 1338년에 리이에이다에서 의례왕 페레의 군림 아래 이루어졌으며, 다음해 바르셀로나로 옮겨졌다. 작사는 '즐거운 지식(Gai Saber)'이라고 불렸다. 동시에, 이탈리아의 영향이 강해지고, 라틴문학에 대한 관심이 높아졌다. 14세기에서 15세기에 걸쳐 카탈로니아문학은 최전성기를 맞이하게 되었다.

페레 마르크(Pere March, 1338~1413)는 철학적인 시를 쓰고, 아우지아스 마르크(Ausiàs Marc, 1339~1459)도 시인으로써 활약하였으며, 안드레우 페브레(Andreu Febrer, 1375~1444)는 단테의 '신곡'을 번역하였고, 게다가 레샤크(Guillem Reixac)는 1380년경, 프랑스의 크레티안 드 토로아(Chréten de Troyes)의 '호수의 기사(Chevalier au lac)'를 번역하였다.

마리요르카에서는 현실적 감각의 시인인 안셀름 토르메다(Anselm Turmeda, 1352~1429), 팍스(Luís de Pax, 14세기), 키케로(Cicero)를 소개한 인문주의자 바렌티(Ferran Valenti, 15세기), 종교시에 뛰어난 드레자(Francesc d'olesa, 1480~1550)가 배출되었다.

카탈로니아 본토에서는 '관습법'이 문권(文券)화되고, '해상영사법(Llibre de consulat

de de mar)', '토르토자 습관법(Costums de Tortosa)' 등의 법률서가 만들어졌다. 자우메(Jaume) 1세의 무용담(1313~27)이 편찬되고, 데스크로트(Bernat Desclot, 1283~88)와 문타네(Ramón Muntaner, 1265~1336)는 연대기를 쓰고 있었다. 산문 작가로서는 에시메네스(Francesc Eiximenes, 1327~?)와 멧제(Bernat MEtge, 1346~1413), 설교가로는 페레(Vicente Ferrer, 1350~1419)가 유명했다.

문학 활동의 중심은 이탈리아 문예 부흥의 파도가 밀려오는 발렌시아로 옮겨졌다. 탁월하던 시인 마르크(Ausiàs Marc) 이외에, 산 조르디(Jordi de Sant Jordi, 14세기 말~1425) 등이 있었다. 마르토레리(Joanot Martorell, 1413~68)의 모험이야기 '티란 로 브란(Tirat lo Banch)', 코렐리아(Roís de Corella, 1428~97)의 산문, 롯치(Jaume Roig, 1434~78)의 풍자시 등이 등장했다.

1469년, 아라곤의 페르난도(Fernando) 2세가 카스티야의 이사벨라(Isabela)와 결혼하여 양가가 결합했기 때문에, 카탈로니아의 정치적 독립성이 사라지고, 카스티야의 군주가 양가의 유일한 종주가 되었다. 카스티야 궁정의 우세는 카스티야 문학의 우위를 보증하고, 카탈로니아 문학을 쇠퇴시켜, 카탈로니아어를 단순한 행정용어로만 존속시켰다. 16세기부터 18세기에 이르는 3세대 기간, 카탈로니아어는 쇠퇴 기로에 있었다.

16세기 마리요르카에는 아직도, 페레 세라피(Pere Serafí), '마리요르카섬의 역사'를 쓴 비니메리스(Joan Binimelis, 1538~1616)가 있었다.

언어 상, 카탈로니아어는 16세기 말까지 커다란 변화를 격지 않았다. 이 시기까지를 고카탈로니아어 시기(català antic)로 하여, 17세기 이후의 근대 카탈로니아어 시기(català modern)와 구별하는 것이 통례이다.

카탈로니아는 30년 전쟁(1618-48) 종료 후, 에스파니아 왕 페리페(Felipe) 4세 및 5세의 중앙 집권에 반대하여, 포르투갈은 독립하고, 카탈로니아는 봉기했으나, 피레네 조약(1659)으로 프랑스 왕 루이(Louis) 13세에게 루시온을 넘겨주었다.

1707년, 에스파니아왕 페리페(Felipe) 5세는 발렌시아를 정복했다. 에스파니아 계승전쟁을 종결시킨 유트레히트(1713) 조약에 의해 프랑스의 부르봉 왕조가 이스파니아에 군림하고, 페르난도(Fernando, 1784~1833) 7세는 카스티야 궁정의 중앙집권을 강화했다. 1715년, 마리요르카 섬에도 카스티야어를 강요하여, 바르셀로나 대학은 리에이다 지방의 시골인 세르베라(Cervera)로 옮겨지고, 카탈로니아어는 공문서에 사용되는 것이 금지되었다. 카탈로니아어의 카스티리아어화가 시작되었다. 이 상태는 19세기에 들어서까지 계속된다.

1808년, 황제 나폴레옹(Napoléon)은 형 조제프(Joseph)를 에스파니아 왕에 임명했다. 카탈로니아는 격렬한 반 프랑스운동의 중심이 되었으나, 진압되었다. 그 후에 찾아온 것은 언어 문화 활동의 침체였다.

1833년 로망주의 회고적 경향으로부터 '카탈로니아 문예부흥(Renaixença)' 이, 아리바우(Banaventura Carles Aribau, 1973~1862)의 감동적 송가 '조국을 향해(A la patria)' 에 의해 단서를 얻었다. 이것은 카타로니아를 카스티야로부터 분리시켜, 독립시키려는 정치운동이었으며, 동시에 카탈로니아 언어와 문화를 부활시키고자 하는 문화운동이었다. 1859년에 중세의 '시가 축제(Jocs florals)' 가 부활하면서 활기를 띠게 되었다. 카탈로니아어가 세력을 얻었다. 마요르카 출신의 코스타 이 리요베라(Miquel Costa y Llobera, 1854~1922)와 리요렌테(Teodor Llorente, 1832~1911)도 굴지의 작가이다. 시인으로서는, 아기로(Tomàs Aguiló, 1812~84)와 마라가리(Joan Maragall, 1860~1911)를 들 수 있다.

프로방스의 시인인 미스트랄(Frédéric Mistral, 1830~1914)의 걸작 '밀레이유(Mireil)' 와 함께 언급되는 것은 베르다게(Jacint Verdaguer, 1845~1902)의 '아틀란티다(Atlàntida)' 와 '카니고(Canigó)' 이다. 1864년에 민중극단(Popular dramturgo)이 탄생하고, 1883년에 자연주의 소설가 오리에르 이 모라가스(Narcis Oller i Moragas, 1845~1930)가 등장하였으며, 1900년에는 잡지 '카탈로니아(La Veu de Catalunya)' 의 소리가 간행되었다.

20세기가 되면 사태는 변화한다. 1906년에는 학문의 역영에서 '카탈로니아어 국제회(Congrés internacional de la llengua catalana)' 및 '카탈로니아 연구소(Institut d'estudis catalans)' 의 발족을 이루어냈다. 1931년, 카탈로니아 자치 정부가 수립되면서, 문학자가 속출하고, '카탈로니아 문예부흥' 은 그 정점에 달했다.

서정시에서는 마라가리(Joan Maragall, 1866~1911), 기메라(Ángel Gimerà, 1845~1924), 카르네(Josep Carner, 1884~1970), 에스프리우(Salvador Espriu, 1913~84)가 활약했으며, 아르코베(Joan Alcover, 1854~1926), 리바(Carles Riba, 1893~1959), 연극에서는 앞에서 나온 기메라, 코르티에리아(Felipe Cortiella, 1871-1937), 마리아 드 사가라(Josep Maria de Sagarra, 1894~1961), 소설에서는 오리에르 이 모라가스 외에, 루이라(Joaquim Ruyra, 1858~1939), 카타라(Victor català, 1869~1966), 소르데비라(Carles Sordevila, 1892~1967)가 활약했다. 마리요르카 섬에도 소설가와 극작가가 많이 활동하였으며, 메노르카 섬과 에이비사 섬에도 문학자의 움직임이 있었다.

다만, '카탈로니아 문예부흥' 이 직면한 문제점은 정자법의 결여에 있었다. '카탈로니아 연구소' 는 파브라(Pompeu Fabra, 1868~1948)의 지도 아래, 서법의 통일을 목표로 하여, 1913년에 정자법 원칙(Normes)을 공표하고, 이어서 1918년 '정자법 사전(Dicctionari ortogràfic)' 을 간행하였다. 마리요르카의 국어학자인 아르코베(Joan Alcover,

1854~1926)는 파브라의 원칙에 정면으로 반대했다. 오늘날에 와서는 각지의 방언을 고려하고, 역사적 관점에 입각한 서법, 다시 말해 공시적·통시적 원칙에 근거한 정자법이 확립되어 있다.

1936년부터 1939년에 걸친 내란과 거기에 계속된 프랑코 총통의 언어정책에 의해, 카탈로니아어는 소멸의 길을 걷게 되었다. 하지만, 1946년에 제2차 세계대전의 종말과 함께 탄압이 약해졌다. 연극, 음악, 민요, 교회에 카탈로니아어가 사용되고, 각종 서적과 잡지가 출판되게 되었다.

1979년에는 카탈로니아 자치정부가 부활되고 신헌법이 공포되었다. 1980년에는 '카탈로니아어의 정상화 운동(Normalització)'이 제창되었다. 언어란 공적·사적을 불문하고, 회화체와 문장체를 불문하고, 사회적 전달을 위해 완전하게 사용되어야만 비로소 정상적인 상태에 있다고 할 수 있다. 이것이 정상화 운동의 목적이다.

카탈로니아어는 이러한 역사를 가지고 있으나, 그 호칭이 일정한 것은 아니다. 로만스어(romanç), 평(平)로만스어(romanç pla), 속어(vulgar)라는 3가지 호칭은 가장 오래된 문헌에서 라틴어와 대비적으로 이용되었다. 또한, 리무잔어(llemosí)는 본래 12세기부터 14세기에 걸쳐, 카탈로니아의 음유시인이 이용했던 호크어를 가리켰으며, 15세기부터 19세기까지, 발렌시아에서 문학 카탈로니아어를 잘못 가리켰다. 게다가, 발렌시아어(llegua valenciana)는 15세기부터 16세기까지 발렌시아가 우위를 지키고 있었던 시기에 이용되었다. 마지막으로, 카탈로니아어에 대해서는 12세기에 이미 català 가, 13세기에서 14세기에는 catalanesc가, 평 카탈로니아어(pla català)와 함께 나타났고, 14세기 이후에는 llengua catalana가 사용되었다. 카탈로니아의 어원에 관해서는, 원주민 라케타니(lacetani)족이 음위전환에 의해 catelani를 낳고, 거기에서 catalani가 유래된 한편, 아크이타니아(Aquitania), 프란코니아(Franconia) 등에 의해 카탈로니아(Catalonia), 이어 카타루냐(Catalunya)가 만들어졌다고 여겨지고 있다.

방언(Dialects del català)

Ⅰ 방언 분포

1. 동부방언(Català oriental)

1.1. 중앙 하위 방언(dialects centrals)
① 바르셀로나 방언(barceloní)
② 로셀리오 방언(rossellonés)
③ 살라또 방언(salat)
④ 타라고사 방언(tarragonés)
⑤ 시 리아 방언(xipellà)
⑥ 카프시루 방언(capcinés)

1.2. 도서지방 하위 방언(dialects baleàrics)
① 말리오루까 방언(mallorquí)
② 메노르까 방언(menorquí)
③ 에이비사 방언(eivissenc)
④ 알게 하위 방언(dialect alguerès)

2. 서부방언(català occidental)

2.1. 리에이다 하위 방언(dialects lleidatans)
① 안도라 방언(andorrà)
② 빨리아르스 방언(pallarés)
③ 리바고르사 방언(ribagorçà)
④ 토르토자 방언(tortosà)

2.2. 발렌시아 하위 방언(dialects valencians)

    ① 카스텔리오 방언(castellò)

    ② 아삐짜또 방언(apitxat)

    ③ 알라칸 방언(alacantí)

Ⅱ 지역적 특징

등어선(等語線)을 단순하게 긋는 것은 곤란하다. 아래에 주요한 하위 방언과 그 지역의 방언의 특징을 비교해 보겠다.

1. 모음

모음	동부방언			서부방언
	중앙 하위방언	로세리오 방언	도서지방 하위방언	리에이다 하위방언
á > ə	○	○		
a > ə	○	○	○	
a = a				○
e = e				○
e > i	○			
e > ə		○	○	
é > ə		○		
í > ə		○		
i > ə		○	○	
ó > u		○		
o > u		○		
o > o			○	○
u = u			○	○

※ 참조 : 중앙 하위 방언과 타라고나 방언에서 [v]를 보존하고, 바르셀로나 방언에서는 [je]는 빠지고, 카푸시루 방언에서는 라틴어의 [ū]를 [ɔ]로, 로셀리오 방언에서 [ú]를 [oe]로, 또 아르게 하위 방언에서는 강세 앞에서 [e]를 [a]로 바꾼다.

2. 자음

자음	동부방언 아르게 하위 방언	서부방언 리에이다 하위방언
bl > bll		○
bl > pl	○	
fl > fll		○
fl > fr	○	
gl > gll		○
gl > gr	○	
kl > kll		○
kl > kr	○	
pl > pll		○
pl > pr	○	

※ 참조 : 리에이다 하위 방언, 특히 리바고르사 방언에 있어서 음변화는 구개음화이다. 발렌시아 하위 방언에서는 모음 문장에서 't'가 탈락하고, 아삐차또 방언에서는 유성 치찰음이 없다. 아르게 하위 방언에서는 모음 사이에서 [d]는 [r]이 되고, 모음 사이와 어말에서 [l]은 [r]이 된다.

3. 직설법 현재 1인칭 단수의 어미

모음	동부방언 중앙 하위방언	동부방언 로세리오 방언	서부방언 발렌시아 하위방언	서부방언 리에이다 하위방언
-e			○	
-ek			○	
-i		○		
-ik		○		
-o				○
-ok				○
-u	○			
-uk	○			
-ut	○			

※ 참조 : -ek, -ik, -ok, -u는 강세형이다. 아르게 지역 하위 방언과 도서지방 하위 방언에는 어미가 없다.

4. 어휘

라틴어	서부방언	동부 방언	어휘의 의미
aucellu		ocell	새
cantharu		càntir	주전자(그릇류)
*ciccu	xic		아이
*cordariu	corder		새끼 양
ips'agnu		xai	새끼 양
levatu		llevat	효모
levitu	lleute		효모
*lumbriculu		llombrigol	배꼽
miraculu		mirall	거울
murecaecu	muriciélago		박쥐
*muscione	moixó		새
*ninnu		nen / noi	아이
ratta-pennata		rata-pinyada	박쥐
*stulone	selló		주전자(그릇류)
stillicidiu	estalzí		그을음
speculu		espill	거울
sudica		sutja	그을음
umblicu	melic		배꼽

5. 발렌시아어 하위 방언의 접속법 반과거

제 1형	라틴어	제 2형	라틴어
jo cantas	< cantavissem	jo cantara	< cantaveram
jo tingues	< tenuissem	jo tinguera	< tenueram
jo sentis	< sentivissem	jo sentira	< sentiveram

※ 참조: 제 1형 라틴어의 접속법 능동대과거로부터, 그리고 제 2형 라틴어의 직설법 능동 과거로부터 유래한다.

I 발음

01 알파벳(abecedari)

A a	ㅏ, ㅓ [a][ə][ɛ]	N n	ㄴ [n][ŋ]
B b	ㅂ [b][ß]	O o	ㅗ, ㅜ [o][ɔ][u]
C c	ㄲ, ㅆ [k][s]	P p	ㅃ [p]
Ç ç	ㅅ [s]	Q q	ㄲ [k]
D d	ㄷ [d][ð]	R r	ㄹ [r]
E e	ㅔ, ㅓ [e][ɛ][ə]	RR rr	ㄹ~ㄹ [rr]
F f	ㅍ [f]	S s	ㅈ, ㅅ [z][s]
G g	ㄱ, ㅈ [g][s]	SS ss	ㅅ [s]
H h	[Ø]	T t	ㅌ [t]
I i	ㅣ [i]	U u	ㅜ [u]
J j	ㅈ [ʒ]	V v	ㅂ [b]
K k	ㅋ [k]	W w	ㅜ [w]
L l	ㄹ [l]	X x	ㅅ [ʃ]
LL ll	르~일 [ʎ]	Y y	ㅣ [n]
M m	ㅁ [m]	Z z	ㅉ [z]

01 모음

[i]

nit [nit, 닏] 밤
llit [ʎit, 르윁] 침대

[e]

nét [net, 낻] 손자
carrer [kərrér, 꺼르~레르] 길

[ɛ]

net [nɛt, 네-] 깨끗한
nen [nɛn, 네-엔] 남자 아이

[a]

vas [bas, 바스] 컵
mar [mar, 마르] 바다

[ɔ]

joc [ʒɔk, 족] 놀이
lloc [ʎɔk, 르욕] 장소

[o]

onze [ónzə, 온쩌] 11(열 하나)
cançó [kənsó, 껀소] 노래

[u]

únic [únik, 우닉] 유일한
donar [duná, 두나] 주다

[ə] porta [pɔrtə, 뽀르떠] 문
mare [marə, 마러] 어머니

02 자음

[p] porta [pɔrtə, 뽀르떠] 문
empipar [əmpipa, 엄삐바] 귀찮게 하다

[b] balcó [bəlko, 발꼬] 발코니
vall [baʎ, 발-ㄹ] 골짜기

[t] taça [tasə, 따서] 잔, 컵
antic [antik, 안띡] 오래된

[d] dir [di, 디] 말하다
alcalde [əlkaldə, 얼깔더] 시장

[k] colla [kɔʎə, 꼴려] 그룹
llac [ʎak, ㄹ-력] 호수

[g] gat [gat, 갇] 고양이
segle [segglə, 세글러] 세기

[ß] cova [kɔßə, 꼬버] 동굴
arbust [ərßust, 어르부스뜨] 관목

[ð] fada [faðə, 파더] 요정
ordre [ərðrə, 오르드러] 명령

[ɣ] vagó [bəɣo, 버고] 객차
cargol [kərɣɔl, 꺼르골] 달팽이

[f] farmàcia [fərmasiə, 퍼르마시아] 약국
xifra [ʃifrə, 시프러] 숫자

[s] sol [sɔl, 솔] 태양
bossa [bosə, 보서] 주머니

[z] casa [cazə, 까저] 집
onze [onzə, 온저] 11

[ʃ] xinès [ʃinɛs, 시네스] 중국인
xarop [ʃərɔp, 셔롭] 시럽

[ʒ] jardi [ʒərði, 저르디] 정원
neteja [nətɛʒə, 너떼저] 청결

[j] iode [jɔðə, 요더] 요드
joia [ʒəjə, 저여] 보석

[tʃ] despatxar [dəspətʃa, 더스뻐차] 처리하다
desig [dəzitʃ, 더   ] 바램

[tz]　　dotze [dɔtzə, 돋저] 12
magatzem [məɣətzɛm, 마걷젬] 창고

[ts]　　potser [putse, 뿌세] 아마도

[dʒ]　　metge [medʒə, 　 저] 의사
corretja [kurredʒə, 꾸ㄹ-랟저] 합창

[m]　　maquina [makinə, 마끼너] 기계
mur [mur, 무르] 흙담

[n]　　nou [nɔu, 노우] 새로운
caminar [kəmina, 꺼미너] 걷다

[ŋ]　　banc [baŋ, 방] 의자
digno [diŋnə, 딩너] 위엄 있는

[ɲ]　　canya [ka ɲə, 까녀] 줄기
any [a ɲ, 안] 연도

[ʎ]　　ull [uʎ, 울-을] 눈
lloc [ʎɔk, 을-욕] 장소

[l]　　pala [palə, 빨러] 삽
cel [sɛl, 쎌] 하늘

| [r] | ara [arə, 아러] 지금
orgull [urguʎ, 우르굴-을] 자존심 |

| [rr] | torre [tɔrrə, 또ㄹ-러] 탑
racó [rrəko, ㄹ-러꼬] 모서리 |

| [w] | guant [gwant, 관뜨] 장갑
quatre [kwatrə, 꽈뜨러] 4 |

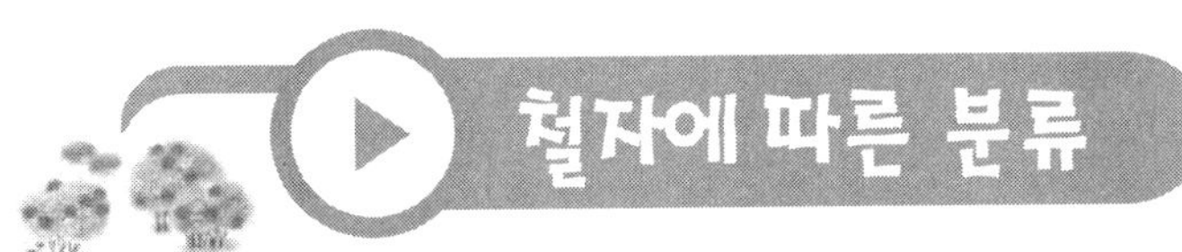

01 모음

기존의 스페인어 (castellà)의 5개 모음 보다 소리의 분화가 많다. 하나씩 열거해 본다.

| [a] | 강세가 있을 때는 기존의 [아] 발음을 내며, 강세가 없을 때에는 [어] 발음을 낸다.
단, 강세는 2가지 (열림 소리 ; à, 닫힘소리 ; á)로 구분한다.
열림 소리는 입을 다소 크게 벌려 내 뱉으며 발음하고, 조금 길게 실행한다. 닫힘 소리는 기존 스페인어 강세를 약간 짧은 듯 발음한다.
예 pa [a] 빵
dona [ə] 여성
mà [a] 손 |

[e] 강세가 있을 땐 기존의 [에] 발음을 내며, 강세가 없을 땐 [어] 발음을 낸다. 단, 강세는 열림·닫힘 소리로 구분된다.
예 cel [ɛ] 하늘
teu [e] 너의
pare [ə] 아버지
cafè [ɛ] 커피

[i] 강세가 있든지 없던지 상관없이 기존 스페인어의 발음 [이]와 같다.
예 dit [i] 손가락
noia [j] (이 단어에서는 뒤의 a와 중복되어 발음된 것임)
여자 아이

[o] 강세가 있을 땐 기존의 [오] 발음을 내며, 강세가 없을 땐 [우] 발음을 낸다. 단, 강세는 열림 소리, 닫힘 소리를 구분한다.
예 home [ɔ] 남자
dos [o] 둘, 2
penso [u] 생각하다.(동사 pensar 1인칭 단수형)
erròs [ɔ] 쌀

[u] 강세에 상관없이 [우] 발음을 낸다.
단, 모음과 함께 반모음 [위 -] 발음을 내기도 한다.
예 tu [u] 너
seuen [w] 앉다.(동사 seure 3인칭 복수형)

기본적 발음은 스페인어와 동일하다. 다만, 기존의 스페인어에서 볼 수 없던 형태와 발음 그리고 그 발음의 규칙만 보도록 한다.

| [ç] | [스] 로 발음한다.
예 plaça [s] 광장 |

| [g] | 기존의 스페인어에서는 e, i와 결합하여 [헤], [히] 발음을 했는데, 까딸란어에서는 [제], [지]로 발음한다.
예 gel [ʒ] 얼음
gat [g] 고양이
psicòleg [k] 심리학자 |

| [j] | 기존 스페인어에서는 [흐]로 발음 했지만, 까딸란어에서는 [즈]로 발음한다.
예 Joan [ʒ] 조언 (사람 이름) |

| [s] | 모음과 모음 사이에 's' 가 하나가 오면 [즈]로 발음, 단 하나의 모음만 접하거나 's' 가 ss처럼 2개가 있을 땐 원래 스페인어의 발음처럼 [스]로 발음한다.
예 sal [s] 소금
casa [z] 집
picasso [s] 피카소 |

[x]
어두에 올 때는 [스]를 입 모양을 넓게해서 실행한다. 이외에서는 기존 스페인어와 같다.
예 xocolata [ʃ] 쵸콜릿
taxi [ks] 택시
examen [gz] 시험

03 이중음

이중 음은 소리 하나로 실행할 때의 발음 기호와 예문을 함께 보도록 한다.

[ll]
[ʎ] ; [리-우]
예 llum 빛, cella 눈썹, ull 눈
'l' 을 발음한 상태에서 한번 더 발음한다. llum [리-움]

[l·l]
[l] ; [ㄹ]
예 col · legi 대학
'l' 을 모양 그대로 두 번 발음한다. col·lgi [꿀 · 레지]

[ny]
[ɲ] ; [니-이]
예 canya 줄기, any 연도(年)
기존 스페인어의 /ñ/와 같은 음이다.

[ix]
[ʃ] ; 약한 발음으로 실행. [ㅅ]
예 caixa 상자

[ig]	[tʃ] ; [ㅊ]
	예 maig 5월

[tx]	[tʃ] ; [ㅊ]
	예 cotxe 자동차

04 강세

1) 마지막 철자가 's' 또는 모음일 때 뒤에서 두 번째 음절에 강세가 있다.

> 예 empresa [əmprézə] 회사
> estisores[əstizórəs] 가위

2) 위의 어휘를 제외하고는 모두 마지막 음절에 강세가 온다.

> 예 cantat [kəntát] 노래하는
> gambal [gəmbál] 행동

<u>만날 때</u>	Bon dia!	아침인사
	Bona tarda!	점심인사
	Bona nit!	저녁인사
<u>감사할 때</u>	Moltes gràcies	대단히 감사합니다
	De res	천만에요
<u>부탁할 때</u>	Si us plau(=Sisplau)	부탁합니다
	Per favor	제발…
<u>헤어질 때</u>	Adéu	잘가!
	Passi-ho Bé	잘가!
	Adéu-siau	잘가!
<u>미안할 때</u>	Perdoni	실례합니다
	Disculpi	실례합니다
	Ho sento	죄송합니다

Qui ets?
제 1 과
(너 누구니?)

Part 1

A : El senyor Ferrer, sisplau?

B : Sí, és aquell senyor.

A : Moltes gràcies.

B : De res....

A : Senyor Ferrer?

C : Jo mateix.

A : Bona tarda. Miri, jo sóc en Xavier Ruiz.

Part 2

A : Hola, Lluís. Sóc jo, la Rosa...

B : Eh? Qui ets?

A : ... Que no ets en Lluís, tu?

B : En Lluís? No, jo sóc en Miquel.
   Aquí no hi cap Lluís.

A : Ferrer 씨가 누구시죠?

B : 네, 저 분입니다.

A : 감사합니다.

B : 천만에요. …

A : Ferrer 씨입니까?

C : 바로 전데요.

A : 안녕하세요. 전 Xacer Ruiz라고 합니다.

Part 2

A : 안녕! Lluís. 나야, Rosa…

B : 뭐? 너 누구니?

A : … 너 Lluís 아니야?

B : Lluís라고? 아니, 난 Miquel이고, 여기엔 Lluís란 사람은 없어.

◯● 표현연구

1. Sisplau는 공손하게 이야기하기 위해 쓰이고 per favor로 사용할 수 있다.
2. Aquell senyor(저 분)이라는 표현은 먼 거리에 있는 사람을 지칭할 때 쓰이며, 근거리에 있을 때는 aquest senyor라 표현한다.
3. 인칭에 관사 붙이는 것을 유의하자.
   en Xavier Ruiz, la Rosa, en Miquel
4. Jo mateix는 강조하는 표현으로 인칭 명사 뒤에 mateix를 붙여 '바로' 나라고 나타낼 수 있다.
5. ésser(…이다) 동사는 동사 단원을 참조하자.

A L' AEROPORT
(공항에서)

Situació 1

Sr. Vila : Bon dia, senyor Roca! Què fa per aquí vostè?

Sr. Roca : Bon dia, senyor Vila! Ja ho veu, vinc de València.
Què tal, com està?

Sr. Vila : Bé, gràcies.

Sr. Roca : I la família què? Tots bé?

Sr. Vila : Sí. Tots estan bè. I vostè?

Sr. Roca : També, també. I vostè, què fa ara vostè : arriba o marxa?

Sr. Vila : Ara marxo. Avui vaig cap a Mallorca I demà torno cap a
Barcelona. I vostè agafa un altre avió ara?

Sr. Roca : No. Espero el taxi per anar cap a l' estació i després agafo el
tren cap a Girona.

Sr. Vila : A Girona? Què encara viu a Girona?

Sr. Roca : No. Ja no visc a Girona : ara visc a Lleida.
Però els negocis.... I vostès encara viuen a Barcelona?

Sr. Vila : Sí. Encara vivin a Barcelona nosaltres.

Sr. Roca : Ara arria el taxi. Bé, senyor Vila. A reveure!
Records a la família!

Sr. Vila : De part seva. A reveure, senyor Roca!

◉ 어휘

aeroport	공항
senyor	…씨(호칭) *참조: Sr.(Senyor 줄임말)
fa	～하다. 만들다(fer의 직설법 3인칭 단수)
Què tal = com	(의문사) 어떻게
família	가족
També	또한
ara	지금
arriba	도착하다(arribar의 직설법 3인칭 단수).
marxa	출발하다(marxar의 직설법 3인칭 단수).
Avui	오늘
vaig	가다(anar의 직설법 1인칭 단수).
Cap	～향해
agafo	잡다. 타다(agafar의 직설법 1인칭 단수)
tren	기차
encara	아직도
Visc	살다(viure의 직설법 1인칭 단수)
taxi	택시
A reveure	그럼
Records a~	～에게 안부 전해주세요

LA CARTA DE LA PAU A COREA DEL SUD (1)

Després de dos anys de la solemne presentació oficial de la Carta de la Pau a Corea del Sud, Petra de Llanos, responsable de la Carta de la Pau a l' ?sia, i un grup de persones que ja coneixen el Document i d' altres que s' han afegit al grup de treball, han continuat voluntàriament l' itinerari començat aleshores, durant els calorosos i humits mesos de juliol i agost.

Dia a dia s' ha pogut constatar com les evidències són un llenguatge universal que serveixen de vehicle comunicatiu entre les cultures i les diferents religions. Aquestes mateixes evidències estan en sintonia amb l' etimologia xinesa de la paraula coreana (평화) Pau que significa harmonia en un mateix nivell. Per constituir-la necessitem fer Comunió (조화) i Ajuntar esforços (화합). Així és com realment s' han viscut les evidències que presenta la Carta de la Pau.

REVISTA DE PENSAMENT I OPINIÓ 〈RE〉 -Número 8

◎ 어휘

carta 편지	pau 평화	solemne 엄숙한, 장엄한
presentació 소개	sud 남쪽	responsable de - 에 책임이 있는
ja 이미	conèixer 알다	afegir 더하다
treball 일	itinerari 도정 · 행정	aleshores 그때, 당시
calorós 무더운	humit 습한	juliol 7월
agost 8월	constatar 확인하다	llenguatge 언어
sintonia 동조	viure 살다	

Ⅱ 관사

01 정관사

정관사는 아래의 형식을 취한다.

	단수(자음으로 시작할 때)	단수(모음으로 시작할)	복수
남성	el	l'	els
여성	la		les

예 el taxi   택시
l' habitació 방
l' aeroport 공항
la família 가족
els negocis 협상
les habitacions 여러 방(방의 복수)

◎ 1. El cos humà(인간의 몸)

el bigoti 수염	el braç 팔	els cabells 허리
la cama 다리	el cap 머리	la cella 눈썹
el clatell 목덜미	la clenxa 가리마	el colze 팔꿈치
el coll 목	la cuixa 다리	el cul 엉덩이
la dent 이	el dit 손가락	l'espatlla 어깨
l'esquena 골격	el front 이마	la galta 볼
el genoll 무릎	el llavi 입술	la mà 손
el melic 배꼽	el nas 코	l'orella 귀
la panxa 배	la pell 피부	el peu 발
la piga 점, 주근깨	el pit 가슴	el taló 발뒤꿈치
el turmell 발목	l'ull 눈	l'ungla 손톱

02 부정 관사

부정 관사는 아래 형식을 취한다.

	단수	복수
남성	un	uns
여성	una	unes

예 un avió   비행기
   una habitació   방
   una família   가족
   uns negocis   협상
   unes famílies   여러 가족(가족 群)

정관사의 남성 단·복수(el·els)는 전치사(a, de, per)와 함께 각각의 축약형(al, als ; del, dels ; pel, pels) 으로 변형된다.

예 a + el telèfon = al telèfon.　　　　　　　전화로
　　de + el senyor Vila = del senyor Vila　　Vila 씨(氏)로부터
　　per + el camí = pel camí.　　　　　　　길을 통해

03 인칭 관사

단수 정관사는 또한 인칭 관사로 사용한다. 하지만 el (자음으로 시작하는 남성 단수 관사형) 형태는 'en' 형태로 대치된다.

예 en Mas, en Santxo, en Joan
　　l' Antoni, l' Anna
　　la Cases, la Maria

04 예외 규정

단지 모음 단어 앞이지만 여성 단수의 정관사형을 고수하는 경우가 있다.

▶ 다음 세 가지의 경우에는 l' 형태 대신 la 형태를 사용한다.

① 알파벳 철자 명 앞에서 사용될 때
　　예 la a , la efa

② 시간을 나타내는 어구에서 사용될 때
　　예 la una 1시

③ 강세 없는 i(hi), u(hu) 앞에서 사용될 때
　　예 la història 역사
　　　la humitat 겸손

01 정관사

정관사는 한정된 명사를 규칙에 따라 지칭하는 것이다.

> 예 espero el taxi per anar cap a l' estació.
> 난 (기차)역 방향으로 가기 위해 택시를 기다린다.

02 부정 관사

부정 관사는 한정되지 않은 명사를 규칙에 따라 지칭하는 것인데, 하지만 부정관사의 다른 기능도 있다. (다른 기능은 뒤의 예외규정에서 참조)

> 예 Vostè agafa un altre avió ara?
> 당신은 지금 다른 비행기를 탈 수 있습니까?

2. Les peces de vestir(입을 옷 종류)

l' abric 외투	l' armilla 조끼	el barret 모자
la brusa 브라우스	la butxaca 주머니	les calçes 바지
els calçotets 팬티	el davantal 앞치마	la faldilla 치마
la jaqueta 점퍼	la màniga 팔	les mitges 스타킹
els mitjons 양말	els pantalons 바지	les sabates 구두
la sabatilla 운동화	la samarreta 티셔츠	el vestit 정장(여)
els sostenidors 브래이지어		

인칭 관사는 유명한 까딸루냐 인의 이름 또는 외국 사람의 이름, 호격일 때를 제외하고는 항상 일반적으로 사람의 고유 이름 앞에 온다.

마찬가지로 호격으로 사용될 때를 제외하고, 일반적인 이름에 붙이는 **senyor**나 유래된 흔한 이름이라도 한정된다면 인칭 관사를 붙인다.

> 예 Sóc en Mas.
> 난 Mas이다.
>
> Segons la gramàtica de Pompeu Fabra
> Pompeu Fabra의 문법에 따르면
>
> Que hi és el senyor Vila?
> Vila씨(氏) 있습니까?
>
> Hola! senyor Roca!
> 안녕하세요! Roca씨(氏).

부정 관사는 다소 과장하거나, 과장한 결과로 생기는 뉘앙스에서 사용한다.

> 예 Tinc una gana.
> 난 의욕이 있다.
>
> Feia una cara que valia la pena retratar-lo.
> 그는 그것을 그릴만한 가치가 있는 얼굴의 형체로 만들었다.

On vius?

제 **2** 과

(넌 어디에 사니?)

Part 1

A : El lavabo, sisplau?

B : Al fons, a mà esquerra.

A : Gràcies.

B : De res.

Part 2

A : On anem a fer la copa?

B : A casa meva?

A : Ui, no! Casa teva és molt lluny...

C : Ei, ei! On vius?

B : M' estic aquí a Gràcia, al carrer Verdi número 53, segon, segona.

Part 1

A : 화장실이 어디죠?

B : 끝에서 왼쪽으로 가세요.

A : 감사합니다.

B : 별말씀을.

Part 2

A : 우리 어디로 한 잔 하러 가지?

B : 우리 집 어때?

A : 아이구, 안 해! 너희 집은 너무 멀어.

B : 어쩔 수 없군! 넌 어디서 살아?

A : 난 여기 **Gràcia**의 **Verdi** 거리 53번지 2통 2반이야…

B : 다음에 보자.

◎ 표현연구

1. El lavabo는 세면대를 가리키는 말로써 흔히 영어에서 Wash my hands에 해당하는 표현으로 사용된다.

2. On anem a fer la copa? …

   여기서 copa는 술잔을 의미하는 것이다. 술잔을 만들러 간다는 직역적 의미가 아니라 술 한 잔 기울이러 간다는 숙어적 의미임을 명심하자.

3. Casa teva… 까딸루냐어에서는 소유격이 명사에 전치를 하든 후치를 하든 형태가 일정하다. 단, 성·수에 영향을 받는 점에 주의를 해야 한다.

   [예] el meu pare 나의 아버지　　　la meva mare 나의 어머니

   　　 els meus pares 나의 부모님　　les meves cases 나의 집들

4. On vius?

   On은 where에 해당하는 의문부사이고, vius는 viure(~살다)에 해당하는 동사의 현재 2인칭 단수 표현이다.

5. Fins ara!

   이 표현은 헤어질 때 다시 볼 것을 기약하며 나타내는 말로, 영어의 See you later에 해당한다.

Situació 2

AL TELÈFON
(전화상에서)

Srta. Cases : Despatx del senyor Vila. Digui' m!

Sr. Mas : Hola, bon dia. Sóc en Mas, l' enginyer.
Que hi és el senyor Vila?

Srta. Cases : No, no hi és. Si jo el puc servir en alguna cosa...

Sr. Mas : No sap on el puc trobar?
És que he de discutir amb ell un problema urorent.
I com que sempre decideix personalment aquestes coses.

Srta. Cases : Ai, no ho sé pas, on pot ser. No ho diu mai, on va. Si vol,
pot telefonar la seva senyora. Ella ho deu saber, això.
Té el número de casa seva?

Sr. Mas : No. Però el puc buscar a la guia. Sap si hi és ara, a casa
seva, la seva senyora?

Srta. Cases : Suposo que sí. No ho sé segur, per això.
De vegades surt a comprar, als matins.
però de totes maneres ho pot provar.

Sr. Mas : Sí, és clar. Bé Gràcies. Senyoreta Cases.

Srta. Cases : De res, senyor Mas. Passi ho bé!

telèfon	전화
Srta.	~양(Senyoreta 의 줄임말)
Despatx	사무실
Digui	말하다(Dir의 적속법 3인칭 단수)
enginyer	기술자
puc	~할 수 있다(poder의 직설법 1인칭 단수).
servir	봉사하다.
algun/alguna	어떤
cosa	일
sap	알다(saber의 직설법 3인칭 단수)
trobar	~있다.
discutir	논의하다.
problema	문제
urgent	급한
decideix	결정하다(decidir의 직설법 3인칭 단수).
on	어디
si	만약~이라면
vol)	원하다. 좋아하다(voler의 직설법 3인칭 단수
número	숫자
buscar	찾다
suposo	예상하다(suposar의 직설법 1인칭 단수)
segur	확실한
vegada	빈
manera	방법
surt	나가다(surtir의 직설법 3인칭 단수)
comprar	사다
clar	분명한
provar	시도하다
de res	별말씀을(감사표현에 대한 인사)
Passi-ho be	다음에 뵙겠습니다.

LA CARTA DE LA PAU A COREA DEL SUD (2)

Això podria semblar fàcil a simple vista però l'ambient cultural, econòmic i polític que viu Corea del Sud en aquests moments no ho ha afavorit gens. Els diaris del 25 de juny van recordar l'inici de la terrible guerra coreana el 1950, que va durar 3 anys. Els patiments que ha ocasionat, i que van aparèixer en les imatges del telediari, eren tan cruels que resulta impossible expressar-les. Por amb llàgrimes és també el que es va sentir davant el clima de violentes manifestacions que els prop de dos mil estudiants van dur a terme durant els mesos de joliol i agost en algunes universitats de Seül.

REVISTA DE PENSAMENT I OPINIÓ 〈RE〉 -Número 8

◉• 어휘

semblar ～처럼 여기다	a simple vista 단순히 보면	ambient 환경
veure 보다	afavorir 돕다, 구해주다	inici 시작
durar 지속되다	patiment 괴로움, 고통	aparèixer 나타나다
imatge 상상, 화면	telediari 텔레비전 뉴스	llàgrima 눈물
davant ～ 앞에	prop de ～의 옆에, 가까이	dur 가져오다 · 가다
a terme 기한부로		

III 명사·형용사 어미 파생

01 자음으로 끝나는 남성 어휘

남성형 어휘가 자음으로 끝날 때, 여성형 어휘는 남성 어휘 마지막에 /-a/를 덧붙인다.
> 예 senyor → senyora 씨(氏)

/p/, /t/, /c/로 끝이나는 남성 어휘를 여성형으로 바꿀땐 /b/, /d/, /g/로 각각 바꾸고, 그 뒤에 /-a/를 붙인다.
> 예 amic → amiga 친구

남성 어휘가 /s/로 끝날 때 여성형으로 바꾸려면 /s/를 두 번쓰고, 그 뒤에 /-a/를 붙인다. 원래 음가 [s]를 유지하기 위해 두 번 겹쳐 쓴다.
만약 /s/를 한번 쓰고 앞뒤에 모음이 위치하면 음가가 [z]로 된다.
> 예 espès → espessa 빽빽한

어떤 명사는 남성형과는 형태가 완전히 다른 여성형이 존재한다.
> 예 marit 남편 → dona 부인

 중성 모음으로 끝나는 남성 어휘

남성형 형용사가 중성 모음으로 끝날 때, 남성형 어휘와 합쳐지면 /-e/로 형태가 유지되며, 여성형 어휘와 합쳐지면 /-a/로 형태가 바뀐다.

> 예 l' altre senyor 다른 남성
> → l' altra senyora 다른 여성

남성 어휘와 형태를 완전히 달리하는 여성형 어휘가 있는데, 끝날 때 중성형 모음은 그대로 /-e/를 유지한다.

> 예 pare 아버지 - mare 어머니
> home 남자 - muller 여자

어떤 어휘(형용사)는 항상 /-e/ 로써 남성 · 여성에 관계없이 사용된다.

> 예 amable 친절한
> xerraire 수다스런
> lliure 자유로운

/ - ista/로 끝나는 어휘는 마지막 /-a/로써 남성 · 여성을 모두 표현한다.

> 예 artista 예술가
> recepcionista 접대인

03 **강세없는 i 또는 이중모음으로 끝나는 남성 어휘**

남성형 어휘가 강세없는 /i/ 또는 이중모음으로 끝날 때, 여성형은 남성형에 /-a/를 덧붙여 형성된다.

> 예 avi 할아버지 → àvia 할머니
> noi 남자아이 → noia 여자아이

반모음 /u/로 끝나는 남성형은 여성형으로 바뀔 때, /v/로 /u/를 대치한다. 단, greu(중대한) 등의 형태를 제외하고는 /v/로 대치된다.

> 예 seu → seva 당신의

3. Els objectes d'ús individual(개인사용 물건)

l'anell 반지

l'arracada 귀걸이

la bossa de mà 주머니

el braçalet 팔지

el clauer 열쇠꾸러미

el collaret 목걸이

l'encenedor 라이터

el mocador 손수건

el paraigua 우산

la pinta 빗

les ulleres 안경

el rellotge 시계

el portamonedes 돈지갑

04 강세가 있는 모음으로 끝나는 남성 어휘

남성형 어휘가 강세있는 모음으로 끝날 때, 여성형은 그 어휘의 마지막에 /-na/를 덧붙여 형성된다.

예 lleó 수 사자 → lleona 암 사자

05 강세없는 /-o/로 끝나는 남성 어휘

남성형 어휘가 강세없는 /-o/로 끝날 때, 여성형 어휘는 /-o/ 대신 /-a/로 바꾸어 실행한다.

예 fondo → fonda 심오한

Amo(주인)이란 어휘는 이 규칙에 예외적인데, 여성형일 때는 mestressa(안주인)로 바뀐다.

01 강세 없는 모음으로 끝나는 단수 어휘

단수형 어휘가 강세 없는 모음으로 끝날 때, 그곳에 /s/를 덧붙여 복수형 어휘를 만든다.
> 예 avi 할아버지 → avis 조부모

만약 강세 없는 모음이 단수 형태에서 /-a/로 끝나면, 복수를 만들 땐 /-a/ 대신 /-e/로 대치하고, 그 어휘의 음가를 유지하기 위해 정서법에 따라 형성시킨다.
> 예 ca 개 → ques
> ça 여기 → ces
> ga → gues(정서법 형태)
> gua → gües(정서법 형태)
> qua → qües(정서법 형태)

02 강세 있는 모음으로 끝나는 단수 어휘

단수형 어휘가 강세 있는 모음으로 끝날 때, 마지막에 /-ns/를 덧붙여 복수형 어휘를 만든다.
> 예 cosí 사촌 → cosins 사촌들
> ller 사자 → lleons 사자들
> fi 목적 → fins 목적들
> bo 증서 → bons 증서들

03 자음으로 끝나는 단수 어휘 ; 규칙

단수형 어휘가 자음으로 끝날 때, 복수는 /s/를 단수형에 덧붙여 만든다.
> 예 tren 기차 → trens 여러 대의 기차

① 단수 어휘가 [ʃ] 음가로 끝날 때, 복수형 어휘는 마지막에 /-os/를 덧붙여 만든다.
　예 mateix 같은 → mateixos

② 단수 어휘가 /s/로 끝날 때와 마지막 음절에 강세가 있는 남성형 명사일 때, 복수 어휘는 단수형 어휘 마지막에 /-os/를 덧붙여 만든다.
　예 dos 둘 → dosos

※ [s] 음가가 두 모음 사이에서 그 음가를 유지하려면 /s/를 두 개씩 써야만 가능하다.
　예 cos 신체 → cossos
　　espès 빽빽한 → espessos
　　os 뼈 → ossos

※ [s] 음가가 만약 두 모음 사이에서 단독으로 /s/ 하나만 사용한다면, 음가는 [z]로 바뀐다.
　예 autobús 버스 → autobusos
　　cas 경우 → casos
　　pagès 농사군 → pagesos

※ 요일을 말하는 어휘처럼 /s/로 끝나는 어휘들과 fons(바닥), temps(시간), ni(부정 연결사) 등과 같은 어휘들은 특별히 다른 형태의 복수형이 없다.
　예 dilluns 월요일
　　dimarts 화요일
　　dimecres 수요일

③ 단수형 어휘가 /s/로 끝날 때와 마지막 음절에 강세가 있는 남성형이 아닐 때, 복수형 어휘로 될 특별한 형태가 존재하지 않는다.
　예 llapis 연필

4. Relacions familiars(가족 관계)

l'avi 할아버지

la cosina 사촌(여)

la dona(l'esposa) 부인

el germà 남자(형, 동생)

la germana 여자(언니, 누이)

el nebot 조카(남)

la néta 손녀

el promès 약혼자

la tieta (tia) 백모, 숙모

l'àvia 할머니

el cunyat 형부, 제부

el fill 아들

el gendre 사위

la mare 어머니

la neboda 조카(여)

l'oncle 삼촌

el sogre 장인

el cosí 사촌(남)

la cunyada 형수, 제수

la filla 딸

la jove (nora) 젊은이

el marit 남편

el nét 손자

el pare 아버지

la sogra 장모

제 3 과 Quina hora és?
(몇 시죠?)

Part 1

A : A quina hora comença la sessió de nit?
B : A dos quarts d' onze.
A : I ara quina hora és?
B : Ara és un quart d'onze.

Part 2

A : A quina hora surt el cotxe de línia cap a Platja d'Aro?
B : D'aquí a mitjà hora: a dos quarts de dues.
A ; I a quina hora arriba?
B : Cap a les quatre.

Part 1

A : 몇 시에 저녁 세션이 시작하니?
B : 11시 30분에 (시작해).
A : 그럼 지금은 몇 시지?
B : 지금은 11시 15분이야.

Part 2

A : 몇 시에 아로(Aro)광장행 차가 출발하나요?
B : 지금부터 30분 후에 : 2시 40분이지.
A : 그럼 몇 시에 도착해요?
B : 4시경에.

◉ 표현연구

1. A quina hora + 일반동사 + ~? (몇 시에 ~하니?)
   전치사 「A」는 '시간'을 일반동사에서 표현할 때 사용한다.
2. 동사 「sortir : 출발하다」의 변화는 surto, surts, surt, surtim, surtiu, surten이다.
3. 「cap + 장소 / 시간」 '(장소)를 향하다, (시)경에'의 뜻을 가짐.

Situació 3 — AL QUIOSC (상점에서)

Sr. Mas : L' 《Avui》 i la 《serra d' or 》, si us plau.

Venedora : sí, de seguida. Què vol alguna altra cosa?

Sr. Mas : ven postals vostè també?

Venedora : Postals? sí! Aquí les té. Pot triar.

Sr. Mas : I quin preu tenen?

Venedora : Cinc pessetes cada una.

Sr. Mas : A veure... Em quedo aquestes. Les pot comptar vostè mateixa.

Venedora : Una, dos, tres, quatre, cinc, sis, set, vuit i nou.
Nou postals. Res més?

Sr. Mas : De segells no en té pas vostè, oi?

Venedora : No. Per segells ha d'anar a l'estanc o a Correus.

Sr. Mas : Res més, doncs.

Venedora : El diari val vintpessetes i la revista setanta-cinc, que fan noranta-cinc, i quaranta-cinc de les postals : cent quaranta pessetes.

Sr. Mas : Té canvi de cinc-centes?

Venedora : Em sembla que sí. A veure? Sí. Cent quaranta i deu, que fan cent cinquanta, i cinquanta : dues-centes.
Tres, quatre i cinc. Servidora!

Avui	오늘
serra	산맥
or	금
postal	엽서
triar	선택하다
preu	가격
pessetes	(스페인 과거 화폐 단위)페세타
comptar	(숫자를)세다
segell	우표
estanc	(소규모)가게
correus	우체국
doncs	그래서
revista	잡지
canvi	잔돈, 거스름돈
sembla	(semblar의 직설법 3인칭 단수) 생각하다. 보이다
servidora	딱 맞군

LA CARTA DE LA PAU A COREA DEL SUD (3)

El seu propòsit era, abans que la policia ho impedís per violar la Llei de Seguretat Nacional, caminar fins a la frontera per reunir-se amb altres estudiants de Corea del Nord per demanar la reunificació pacífica dels dos països. Al llarg del dia 14 d'agost gairebé va ser impossible apropar-se a la Universitat de Yonsei, ja que el gas lacrimogen que onze helicòpters havien llançat, impedien respirar, fins i tot amb mocadors a la cara, de cantonada a cantonada.

El dia següent era una data històrica clau : sense ni llegir els diaris, només veient les banderes onejar als balcons, hom sabia que el dia 15 d'agost de 1945 Corea havia començat a viure la independència del colonialisme japonès. Els més petits aprenen aquest període històric a l'escola ; però les dones, que com a esclaves sexuals, es va emportar l'exèrcit japonès, no poden més que viure-ho amb odi, dolor i ressentiments. Elles demanen que el govern japonès els demani perdó per haver destrossat les seves vides i que se les compensi pels patiments causats abans i durant la Ⅱ Guerra Mundial.

REVISTA DE PENSAMENT I OPINIÓ ⟨RE⟩ -Número 8

◉• 어휘

propòsit 목적	abans ~ 전에	impedir 방해하다
demanar 요구하다	destrossar 조각내다	compensar 보상하다
països 국가	gairebé 거의	gas lacrimogen 최루 가스
llançar 분사하다	mocador 손수건	cantonada 모퉁이, 코너
clau 못, 열쇠	sense ~없이	onejar 물결치다
donar 주다	odi 시기, 질투	colonianisme 식민주의
Llei de Seguretat Nacional 국가보안법		

 지시사·부정사·수량사·소유사·수사

01 지시사

① 지시사의 형태

	단수(가까운 것)	단수(먼것)	복수(가까운 것)	단수(먼것)
남성	aquest	aquell	aquests	aquells
여성	aquesta	aquella	aquestes	aquelles
중성	això	allò	×	×

② 지시사의 사용

가까운 것을 지칭하는 지시사는 시간과 공간의 가까움을 화자 또는 청자에게 인식 시켜 주는 것이다.

> 예 aquest 이(남성형)
> aquesta 이(여성형)

먼 것을 지칭하는 지시사는 청자·화자로부터 먼 거리에 있는 것을 인식시켜 주는 것이다.

> 예 aquell 저(남성형)
> aquella 저(여성형)

지시사는 항상 관사 없이 사용되며, 명사의 앞에 위치한다.

> 예 Sempre decideix personalment aquestes coses.
> 그는 항상 개인적으로 이러한 일들을 결정한다.

명사가 다른 한정사(형용사)를 동반할 경우, 지시사는 항상 어구 모두를 지칭한다.

> 예 Aquest altre dia
> 이 이외의 날

지시사는 대명사의 역할을 하기도 한다.

> 예 **Oh! aquest, que bonic!**
>
> 아! 이것이 얼마나 아름답냐!

지시 대상의 성수를 모르고 말할 때 사용한다.

> 예 **Què és això?**
>
> 이것은 무엇입니까?
>
> **De qui és allò?**
>
> 저것은 누구의 것입니까?

02 부정사

① 부정사 형태

단수		복수	
남성	여성	남성	여성
algun(어떤)	alguna	alguns	algunes
tot(모든)	tota	tots	totes
mateix(같은)	mateixa	mateixos	mateixes
qualsevol(어떤 것이라도)		qualssevol	
cada(각각)			
cap(어떤)			

② 부정사의 사용

부정사들은 막연히 명사를 한정 수식한다. 그 부정사들 중 어떤 것은 대명사로도 사용된다.
'algun, cada' 와 'cap' 은 관사와 함께 사용하지 않는다.

'mateixa' 는 항상 관사와 함께 표현하며, 마찬가지로 **tot** 또한 그렇다. 단, 'tot' 은 항상 관사보다 앞에 쓰인다는 것에 주의해야 한다.

'qualsevol' 은 명사보다 선행할 때는 관사를 생략하고, 반대로 명사가 'qualsevol' 보다 선행할 때는 부정 관사를 붙여야 한다. **altre**는 관사를 가질 수도, 안 가질 수도 있다.

※ 'qualsevol' 의 복수는 어미에 변화가 없이, 어간의 변화 'qualssevol' 이라는 것에 유의한다.

예 Si jo el puc servir en alguna cosa...
만약 내가 어떤 일에서든 그에게 봉사할 수 있다면…

Cinc pessetes cada postal.
각 엽서마다 5페세타.

Tinc cap visita avui?
내가 오늘 어디 방문할 곳이 있나요?

qualsevol dia / un dia qualsevol
어떤 날이라도

el mateix dia
같은 날

tots els dies de la setmana
일주일 내내

③ 어떤 숙어화된 어구에서는 위의 규칙을 따르지 못하기도 한다.

예 de totes maneres
여하튼/ 하여간
vostè mateixa
당신 자신

03 수량사

① 수량사 형태

단수		복수	
남성	여성	남성	여성
quant(몇 · 얼마)	quanta	quants	quantes
tant(그 만큼)	tanta	tants	tantes
molt(매우 · 많은)	molta	molts	moltes
poc(조금 · 적은)	poca	pocs	poques
bastant(많은 ; 긍정문에 사용)		bastants	
gaire(많은 ; 부정문에 사용)		gaires	
més(더 많은)			
menys(더 적은)			
messa(많은)			
força(많은)			
gens · cap(적은 · 조금)			
prou(충분히 · 많은)			
que(얼마나 ; 해석 안할 경우가 많음)			

●● 5. L'habitatge(주거지)

l'armari 옷장	la cadira 의자	el celobert 마당
la cortina 커텐	la cuina 부엌	el dormitori 침실
l'entrada (rebedor) 현관	la terrassa 테라스	la llar de foc 화로불
el llit 침대	el llum 전등	el menjador 식당
el mirall 거울	el paraigua 우산	el passadís 복도
la porta 문	el prestatge 책장	el safareig 세탁실
la sala d'estar 거실	el sofà 쇼파	la taula 책상
la tauleta de nit 독서대	el lavabo(bany) 세면대(장)	

② 수량사의 사용

수량사는 양을 한정하지는 않지만 어느 정도의 수량을 지정한다. 또한 빈번하게 부사 기능을 수행한다.

형용사 기능에서의 수량사는 항상 명사 앞에 위치한다. 'gens'와 명사 사이에는 항상 전치사 'de'가 존재한다. 반면 다른 모든 수량사들은 선택적으로 전치사를 함께 쓸 수 있다.

> 예 Molta correspondència
> 많은 교류
>
> Ha plogut massa.
> 비가 많이 내렸었다.
>
> Que no costi gaire diners.
> 많은 돈을 내지 마십시오.
>
> Oh, aquest, que bonic!
> 오! 이것, 얼마나 이쁜가!
>
> Fa pocs dies que els la van enviar.
> 조금 몇일 전에 그것들을 그녀에게 보냈다.
>
> Van bastant de pressa.
> 그들은 아주 서둘러 간다.
>
> No queda gens de sal.
> 적은 양의 소금도 넣지 마라.

● 참고 : gens와 cap의 차이점

'gens'는 셀 수 없는 사물에 사용되며, 'cap'은 셀 수 있는 사물에 사용한다.

예 **Té sucre?**
설탕있습니까?

Ne en queda gens.
설탕이 없습니다.

Té cebes?
양파있습니까?

No en queda cap.
양파가 없습니다.

04 소유사

① 소유사의 형태

남성(각 변화형이 복수 명사와 함께 할 때는 형용사 복수형으로 쓴다.)

	단수	복수
1인칭	meu	nostre
2인칭	teu	vostre
3인칭	seu	seu

여성(각 변화형이 복수 명사와 함께 할 때는 형용사 복수형으로 쓴다.)

	단수	복수
1인칭	meva	nostra
2인칭	teva	vostra
3인칭	seva	seva

※ 단, 복수 명사와 결합할 때, 남성형에는 /s/를 붙이고, 정서법에 따라 여성형에는 어미의 /a/를 /e/로 바꾸고 /s/를 덧붙인다.

예 meu → meus

teva → teves

nostre → nostres

vostra → vostres

② 소유 형용사의 위치

소유 형용사는 항상(정 · 부정 관사)의 뒤에 오며, 명사의 후위에 놓일 경우인 호격일 때를 제외하고는 명사의 앞에 위치를 한다.

예 **Déu meu!** 이런!(신이시여!)

el meu amic 나의 친구

또한 관용적으로 쓰이는 어구들 중에 소유 형용사가 명사 뒤에 위치하는 경우도 많다.

예 **de part seva** 당신으로(쪽으로) 부터

a casa meva 나의 집으로

일반적으로 소유형용사 위치는 관사 뒤, 명사 앞에 자리하게 된다.

예 **Si vol, pot telefonar la seva senyora.**

만약 원하신다면, 당신은 그의 부인에게 전화를 할 수 있습니다.

◉ 6. Parar taula(밥상 차리기)

l'ampolla 병	la cassola 냄비세트	la cullera 숟가락
els estalvis (접시)깔개	les estovalles 식탁보	la forquilla 포크
el ganivet 나이프	el gerro 물주전자	el got 컵
l'obidor 깡통따개	el tovalló 냅킨	el plat fondo 그릇
el plat pla 접시(평평한)	la plata 접시	el porró 물통
el saler 소금 병	els setrills 기름병	el tap 마개
la taula 식탁, 밥상	la panera del pa 빵 바구니	

o5   수사

① 기수의 형태

0	zero	20	vint
1	un / una	30	trenta
2	dos / dues	40	quaranta
3	tres	50	cinquanta
4	quatre	60	seixanta
5	cinc	70	setanta
6	sis	80	vuitanta
7	set	90	noranta
8	vuit	100	cent
9	nou	102	cent dos / dues
10	deu	110	cent deu
11	onze	120	cent vint
12	dotze	200	dos-cents / dues-cents
13	tretze	300	tres-cents / centes
14	catorze	400	quatre-cents / centes
15	quinze	500	cinc-cents / centes
16	setze	600	sis-cents / centes
17	disset	700	set-cents / centes
18	divuit	800	vuit-cents / centes
19	dinou	900	nou-cents / centes
…		1000	mil

상위에서 보듯이 30부터 100까지의 10단위들은 30에서 40까지 방식으로 숫자가 형성된다.

예 21 vint-i-u, 22 vint-i-dos, 23 vint-i-tres, …
31 trenta-u, 32 trenta-dos, 33 trenta-tres, …

기수는 숫자 1, 2를 제외하고는 남성형과 여성형이 다른 경우는 거의 없다. 그리고 숫자 100은 그 숫자의 조합 안에서 여성형과 남성형이 다르게 존재한다.

숫자 1은 남성형일 때 /u/ 형태로 사용된다.

> 예 51 cinquanta-u

기온(-)은 숫자 100과 10단위를 지정할 때, 사용되는 것으로 조합시키는 역할을 한다.

> 예 143,567 = cen quaranta-tres mil cinc-cents seixanta-set.

② 서수의 형태

1r. / 1a.	primer / primera
2n. / 2a.	segon / segona
3r. / 3a.	tercer / tercera
4t. / 4a.	quart / quarta
5è. / 5a.	cinquè / cinquena
6è. / 6a.	sisè / sisena
7è. / 7a.	setè / setena
8è. / 8a.	vuitè / vuitena
9è. / 9a.	novè / novena
10è. / 10a.	desè / desena
11è. / 11a.	onzè / onzen
12è. / 12a.	dotzè / dotzena

서수는 세기, 순서, 왕손의 차례 등을 나타날 때 사용된다.

12번째를 넘어가는 수는 기수로 대체하여 사용할 수 있다.

③ 시간을 표현할 때의 수량사 사용

시간의 공간은 한 시간 단위를 4등분할 수 있다.

> 예 l' hora en punt   정각
> un quart   15분
> dos quarts   30분
> tres quarts   45분

4등분한 것들은 항상 '전치사 de'를 통해서 다음 시간을 나눈 것을 언급한다.

예 un quart de tres　　　　　　　2시 15분
　　dos quarts de tres　　　　　　2시 30분
　　tres quarts de tres　　　　　　2시 45분

시간을 4등분한 시간의 공간은 등분한 것을 반으로 나눌 수 있으며, 언급할 수 있다.

예 mig quart de tres　　　　　　　2시 7분 경
　　un quart i mig de tres　　　　　2시 23분 경
　　dos quarts i mig de tres　　　　2시 37분 경
　　tres quarts i mig de tres　　　　2시 52분 경

시간을 나타내는 다른 표현은 다른 동사의 형태 ('passen ~ minuts de ~' 또는 'falten ~ minuts per a ~')를 통해 15분 단위로 언급된다.
시간에 대한 물음 또한 2가지 방법이 있다.

예 Quina hora és? 몇시지?
　　⇒ Passen cinc minuts d' un quart de tres.
　　　2시 20분이다

　　Falten cinc minuts per a dos quarts de tres.
　　2시 25분이다.

　　A quina hora? 몇시지?
　　⇒ A un quart i cinc de tres.
　　　2시 20분이다.

　　A dos quarts menys cinc de tres.
　　2시 25분이다.

l'amanida 샐러드
el carbassó 호박
la costella 갈비
el formatge 치즈
el lluç 고등어
l'oliva 올리브
el pastís 케잌
el pollastre 닭
el rap 아귀
el tomàquet 토마토

l'ametlla 편도
la carxofa 엉겅퀴
l'enciam 상추
la fruita 과일
el mató 연한 치즈
l'ou 계란
el pernil 햄
la poma 사과
el suc 쥬스
la truita 또르띠야(요리)

el bolet 버섯
la ceba 양파
l'espàrrec 아스파라거스
el gelat 아이스크림
la mel 꿀
la pastanaga 홍당무
el pèsol 콩
el pop 문어
la taronja 귤
la vedella 암송아지

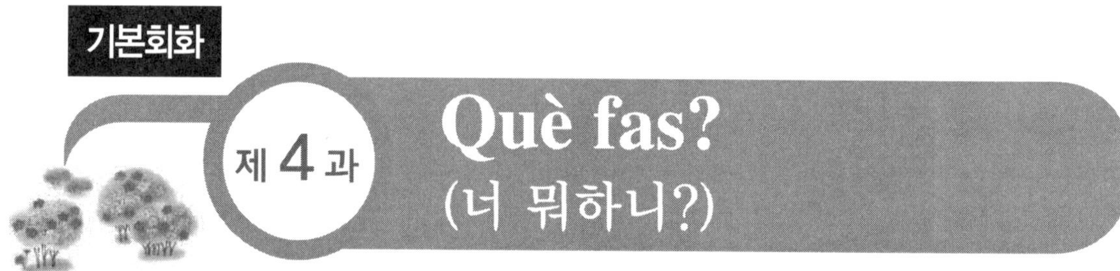

Part 1

A : Ei, Toni, què fas?

B : Res, estic repassant la màquina.

Part 2

A : Bona tarda, Mariona. Tu que treballes cada dia fins a dos quarts
de dues, a quina hora vas a dormir?

B : Normalment vaig a dormir cap a les tres, dos quarts de quatre.

A : I a quina hora et lleves?

B : Em llevo allà a les 11 : procuro dormir de set a vuit hores.

Part 1

A : 헤이! Toni, 너 뭐하니?

B : 아무것도 아냐. 난 기계를 점검하고 있어.

Part 2

A : 안녕, Mariona. 넌 매일 1시 30분까지 일을 하는 구나.
　　몇 시에 잠을 자니?

B : 일반적으로 3시 정도에 즉, 3시 30분에 잠자러 갑니다.

A : 그럼 몇 시에 일어나니?

B : 전 11시에 일어나요.
　　7시간에서 8시간정도 자려고 하죠.

◉ 표현연구

1. Estic repassant la màquina. (난 기계를 점검하고 있다.)

'Estar 동사＋현재분사 (-ant, -int, -ent) 형태'는 진행을 나타낸다. Estar 동사의 시제에 따라 과거 · 현재 · 미래 진행을 표현하는 것을 알아두자.

　예　Estem estudiant.

　　　우리는 공부를 하고 있다.

2. Tu que treballes cada dia fins a ...

위 문장에서 'que'의 역할은 관계 접속사의 역할로 볼 수 있지만, 습관적으로 말을 시작할 때 붙이는 어휘로 보자. 해석은 안 해도 무방하다.

　예　- No hi ha en Santxo?

　　　Santxo 없니?

　　　- Sí, que hi és.

　　　아니, 있어.

3. Vaig a dormir cap a les tres...

'Anar (-가다) 동사＋a＋동사원형'은 가까운 미래 표현을 나타낸다.

4. Et lleves...

'llevar-se(일어나다)'는 'llevar 동사'에 'se'를 붙여 자동사가 되었음을 주의하자.

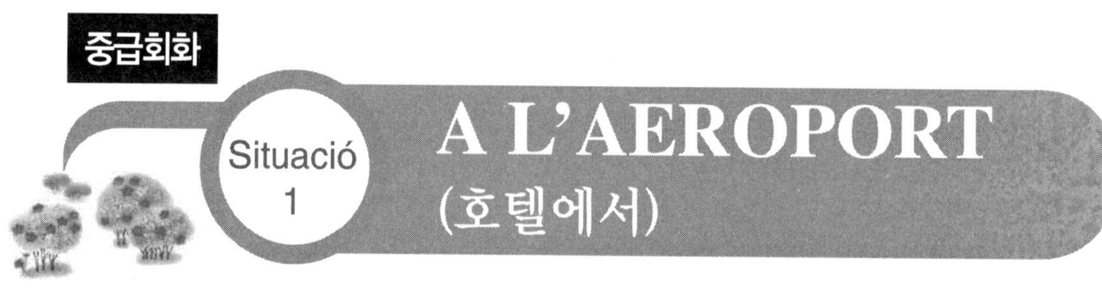

Recepcionista : Bona nit !

Sr.Vila : Bona nit! Fa més o menys un mes i mig que vaig reservar una habitació.

Recepcionista : Sí, Com es diu vostè?

Sr.Vila : Joan va telefonar la meva secretària.

Recepcionista : Joan Vila? Va demanar una habitació individual amb bany, oi?
que és això?

Sr.Vila : Sí, senyoreta.

Recepcionista : Li hem reservat la 127. El balcó dóna a la banda del mar. Hem pensat que li agradaria.

Sr.Vila : Això segur. Fins a quina hora el tenen obert el menjador?

Recepcionista : Fins a les deu.

Sr.Vila : Es que em trucaran des de París, segurament.
Em farà avisar, si us plau?
Si no sóc a l'habitació seré al menjador a sopar.

Recepcionista : Molt bé. Les maletes les pot deixar aquí.
Ja les faré pujar a la seva habitació.

Sr.Vila : Gràcies. És molt amable.

◎ 어휘

nit	밤
més o menys	약
mig/mica	반, 1/2
reservar	예약하다.
habitació	방
diu	말하다(dir의 직설법 3인칭 단수)
telefonar	전화하다
secretària	비서
demanar	청하다. 명령하다
individual	개인의
bany	욕실
balcó	발코니
banda	쪽, 방향
mar	바다
agradaria	즐거워하다. 흡족해하다(agradar의 가능법 3인칭 단수)
segur	사실의, 진지한
obert	열려있는
menjador	식당
trucaran	연락하다. 부르다(trucar 의 직설법 미래 3인칭 복수)
avisar	연락하다
sopar	(저녁)식사를 하다
maleta	가방
deixar	~에 두다
pujar	올리다
amable	친절한

LA CARTA DE LA PAU A COREA DEL SUD (4)

En aquest context, la Carta de la Pau s'ha viscut com una necessitat social urgent. A més, és un marc de llibertat en les complexes relacions humanes coreanes. S'han vistat diversos professors, aritstes, doctors i també destacats representants del Budisme coreà. Ha estat sorprenent l'acollida i acceptació de l'equip de la Carta de la Pau, agrant l'oportunitat de conèixer-la i de poder comunicar i expressar el seu punt de vista i opinions sobre les evidències que planteja. D'alguns, transcrivim extractes dels seus propis testimonis.

El ritme tranquil de les vancances va permetre desenvolupar diverses trobades serenes, propiciant una major elaboració i aprofundiment en cadascuna de les seves aportacions. S'ha creat un ambient de diàleg i convivència enriquidor. Les converses de la Carta de la Pau eren com el bon te que servia per calmar la set del llarg camí i convidar els amics a refer-se.

REVISTA DE PENSAMENT I OPINIÓ ⟨RE⟩ -Número 8

◉ 어휘

urgent 긴급히	a més 게다가	llibertat 자유
destacat 두드러진	sorprendre 놀라게 하다	acollir 받아들이다
planteja 제안	ritme 리듬	desenvolupar 발전하다
cadascuna 각각 하나씩	aportació 부담액	convivència 공동생활
conversa 대화	set 갈증	convidar 초대하다
refer-se 다시 하게 되다		

V | 대명사

01 인칭 대명사

주격 형태

	단수	복수
1인칭	jo	nosaltres
2인칭	tu	vosaltres
3인칭	ell(ella)	ells(elles)
존칭	vostè	vostès

※ ( ) 여성형

02 전치격 형태

전치사 뒤에서 항상 주격의 형태와 동일하게 취하면 된다. 단 1인칭 단수는 'mi' 형태를 가지고 있다. 이 경우 여격에서 항상 전치사 'a' 가 함께한다.

> 예 També volia unes mitges per a mi.
> 또한 그는 나를 위한 양말을 원했다.

'전치사 de' 또는 장소의 부사구인 'dins de(~ 안에)', 'fora de(~ 밖에)', 'derrera de (~ 뒤에)', 'davant de(~ 앞에)', 'semblants (~ 같이)'는 남성 단수 형태에서 소유 형용사를 사용하여 '전치사 de'를 생략할 수 있다.

> 예 Tenia una bicicleta al davant de mi.
> ⇒ Tenia una bicicleta al davant meu.
> 그는 내 앞쪽의 자전거를 가지고 있었다.

공손한 존칭 표현(vostè)은 항상 3인칭으로 사용하고, 만약 'ens(직·간접 대명사: 우리)'가 문장에서 사용된다면 3인칭은 생략되고, 1인칭 복수로 사용할 수 있다.

> 예 Vostè ja ho entendrà.
> 당신은 이미 그것을 이해한다.

말하고자 하는 주어를 대명사로 표현하는데, 주어에 따라 동사의 형태가 결정된다는 것을 다시 한번 확인해 본다.

> 예 Jo vaig a Mallorca.
> 나는 마요르카(Mallorca)로 간다.
>
> Qui va a València és ella.
> 발렌시아(València)로 가는 사람은 바로 그녀다.

06 동사를 보완하는 역할로써의 인칭 대명사

전치사 뒤에 오는 인칭 대명사는 동사의 보어 역할을 하기도 한다.

동사 앞에 오는 인칭 대명사의 의미를 중복해 한번 더 강조하려 할 때, 전치사 'a'를 동반하여 그 의미를 확실하게 만든다.

> 예 M' ho diu a mi.
> 그것을 바로 제게 말씀하시죠.

◉• 8. Els animals(동물들)

l'abella 벌	l'ala (새)날개	l'ànec (오리)
la banya 뿔	el be 염소	el bec 부리,주둥이
el cargol 달팽이	el cavall 말	la closca 조개
el colom 비둘기	el conill 토끼	la cua 꼬리
el cuc 지렁이	l'esquirol 다람쥐	la formiga 개미
el gat 고양이	el gol 개	la granota 개구리
el llop 늑대	el morro 주둥아리	el mosquit 모기
l'ocell 새	la papallona 나비	el peix 생선,물고기
el pèl 털	la ploma 깃털	la pota (동물의) 다리
el porc 돼지	el ratoli 쥐	la sargantana 작은도마뱀
la serp 뱀		

07 목적격 대명사의 기본 형태

목적격 대명사의 형태는 자음으로 시작하는 동사의 앞에 쓰이는 것을 통해 그 원래 기본형태를 알 수 있다.

예		
ho 그것	en 〈그 곳으로〉부터	ens 우리
hi 여기	em 나	us 너희
el(els) 그	et 너	li 당신〈여격〉
la(les) 그녀	es 그·그녀	

08 목적격 대명사의 변형 형태 위치

목적격 대명사는 축약된 형태이며, 대명사로 나타낼 때는 항상 동사의 앞에 위치한다. 단, 현재 분사 또는 명령법을 사용할 땐 동사의 뒤에 쓰이기도 한다.

만약 동사원형 또는 현재 분사가 조동사와 함께 온다면, 대명사는 조동사 앞에 위치할 수도 있고 동사 원형이나 현재 분사 뒤에 붙을 수도 있다.

까딸루냐어에서 목적격 대명사는 동사의 시작이나 끝나는 철자가 모음이냐, 자음이냐에 따라 형태가 각각 4가지로 결정된다.

	단수				복수			
	동사 앞		동사 뒤		동사 앞		동사 뒤	
	자음 앞	모음 앞	자음 뒤	모음 뒤	자음 앞	모음 앞	자음 뒤	모음 뒤
1인칭	em	m'	-me	'm	ens	·	-nos	'ns
2인칭	et	t'	-te	't	us	·	-vos	-us
남·3인칭	el	l'	-lo	'l	els	·	-los	'ls
여·3인칭	la	l'	-la	-la	les	·	-los	'ls
중성	ho	ho	-ho	-ho	·	·	-les	-les

9. La cuina i el bany(부엌과 욕실)

l'aigua 물	l'aigüera 싱크대	l'aixeta 수도꼭지
la baieta 걸레	la cassola 냄비세트	el cullerot 국자
l'eixugamà 수건	l'embut 깔때기	l'escalfador 전열기
l'escombra 빗자루	l'escorredora 탈수기	el forn 렌지
la galleda 물통	el llexiu 표백제	el mirall 거울
l'obrellaunes 깡통따개	la paella 후라이펜	la pala 삽
la pasta de dens 칫솔	la pinta 빗	la plata 수도(공동)
el pot (통조림)깡통	el raspall 솔	el setrill 기름병
la rentadora 세탁실	el sabó 비누	el safareig 세탁실
el ratllador (빵 · 치즈를 가는) 강판	la tapadora 뚜껑	les estisores 가위
la tovallola 타올	el fregall (물체의 회전 상태를 점검하는 장치)	

※ 우선 4가지 상황을 결정하고 그 상황에 따른 재귀형 대명사 형태를 한번 정리해 보자.

> Ⅰ. 자음으로 시작하는 동사 앞에 오는 경우.
> Ⅱ. 모음으로 시작하는 동사 앞에 오는 경우.
> Ⅲ. 자음 또는 반 모음으로 끝나는 동사의 뒤에 오는 경우.
> Ⅳ. 모음으로 끝나는 동사의 뒤에 오는 경우.

〈재귀형 형태〉

	1인칭 · 단수	2인칭 · 단수	3인칭 · 단수	1인칭 · 복수	2인칭 · 복수
Ⅰ	em	et	es	ens	us
Ⅱ	m'	t'	s'	ens	us
Ⅲ	-me	-te	-se	-nos	-vos
Ⅳ	'm	't	's	'ns	-us

10. El menjador i el dormitori(식당과 침실)

l'armari 옷장	la bombeta 전등	la butaca 팔걸이 의자
la cadira 의자	el cendrer 재 털이	la clau 옷
el cobrellit 침대시트	el coixí 베개	la coixinera 베개
l'estora 돗자리	el gerro 물통	la llanterna 등불
la llar de foc 벽난로	el llençol 시트	el llit 침대
el llum 등 · 전등	la manta 담요	la taula 책상
el mirall 거을	el moble 서랍장	el pany 자물통
el penjador (옷)걸이	el quadre 액자	el rellotge 시계
el sofà 쇼파	la tauleta de nit 독서책상	

09 2개의 목적 대명사 결합 – Ⅰ

목적 대명사의 형태 변형은 규칙에 따라 결정된다. 단, 'li + el (la, els, les)' 일 땐, 이 앞 장 규칙에 따라 변하지 않는다. 그 위치의 결정은 그 기능에 따라 결정되는데, 그 기능에는 재귀 · 대격 · 여격 · 술격 그리고 부사격이 있다.

※ 2개의 대명사 결합을 위해서는 앞 「7. 목적격 대명사의 기본 형태」에서 다룬 규칙을 기본으로 하겠지만, 예외적인 경우를 보자.

〈형태〉

	I	II	III	IV
li(la)+en	li'n	li n'	-li'n	
el+en	l'en	el n'	-l'en	
el+ hi	l'hi		-l'hi	
en+hi	n'hi		-n'hi	
em+hi(ho)	m'hi		-m'hi	
et+hi(ho)	t'hi		-t'hi	
es+hi(ho)	s'hi		-s'hi	

> 예 els compra+hi compra = els hi compra.
> 그는 그것들을 산다+그는 여기서 산다 = 그는 그것들을 여기서 산다.
>
> el compra+hi compra = l'hi compra.
> 그는 그것을 산다+그는 여기서 산다 = 그는 그것을 여기서 산다.

※ 다음 대명사 'em, et, es'는 다른 대명사들 앞에서 그 형태를 각각 'me, te, se'로 바꾼다. 그리고 III 형태(자음으로 끝나는 동사의 뒤에 오는 경우)와 IV 형태(모음으로 끝나는 동사의 뒤에 오는 경우)일 땐, 기온(-)의 뒤에 결합된 형태를 써놓는다.

〈형태〉

em, et, es + em / et / el / en / ens / els = me, te, se + I · II · III(IV) / 'm(m') / 't(t') / 'l(l') / 'n(n') / 'ns('ns) / 'ls('ls)

> 예 em compra+el compra = me'l compra.
> 그는 나에게 사준다+그는 그것을 산다 = 그는 나에게 그것을 사준다.

※ Ⅲ 형태에서 결합할 때 특이 형태

$$\text{-los, -les, -nos, -vos} \; + \; \begin{matrix} \text{-lo} \\ \text{-ne} \\ \text{-los} \end{matrix} \; = \; \text{-los, -les, -nos, -vos} \; + \; \begin{matrix} \text{-el} \\ \text{-en} \\ \text{-els} \end{matrix}$$

예 vaig compar-nos + vaig comprar-ne
난 우리를 위해 샀다 + 난 그곳으로부터 샀다

= vaig comprar-nos-en.
난 우리를 위해 그곳으로부터 (무엇인가를) 샀다.

10 2개의 목적 대명사 결합 – Ⅱ

재귀 형태가 아닌 3인칭의 한정 직접 보어와 결합하여야 할 때, 여격(-에게) 단수 형태인 'li' 는 'hi' 형태를 취한다.

※ 이 형태에서는 앞 · 뒤의 위치가 바뀌는 것을 주의해야 한다.

			Ⅰ · Ⅱ	Ⅲ · Ⅳ
li	+	el	l' hi	-l'hi
		la	la hi	-la-hi
		els	els hi	-los-hi / 'ls-hi
		les	les hi	-les-hi

예 li compra + els compra
그는 그에게 구매한다 + 그는 그것들을 구매한다

= els hi compra.
그는 그에게 그것을 사준다.

11 3개의 대명사 결합

이 경우에 규칙에 따라 첫 번째와 두 번째 대명사는 첫 번째 대명사 변형 형태를 유지해 실행하고, 세 번째 대명사는 두 번째 변형 형태를 취한다.

> **예** vaig posar-me + vaig posar-ne + vaig posar-hi
> 난 앉아 있었다. + 난 저 곳으로부터 앉았다. + 난 그 곳에 앉았다.
>
> = vaig posar-me-n'hi.
> 난 저 곳으로부터 그 곳에와 앉아 있었다.

의미론적 측면

01 대명사 el(els), la(les)

이 대명사들은 재귀적 용법이 아닌 3인칭 동사를 한정하는 직접 보어로써 역할을 한다.
각각 남성 단·복수, 여성 단·복수를 의미한다.
이 대명사의 다른 기능은 li, els 대명사 부분과 술부 대치 부분에서 볼 수 있다.

> **예** El puc buscar a la guia.
> 난 그를 가이드에게 찾아 줄 수 있다.

02　**대명사 ho**

대명사 'ho'를 이용하면 중성 '지시사 això(이것), allò(저것)'에 의해 나타나는 직접 보어를 대체할 수 있다.

이 대명사의 다른 기능은 술부 대체부분에서 볼 수 있다.

   예 **No ho sé segur.**
     난 이것이 진짜 모르겠다.

03　**대명사 hi**

대명사 hi는 전치사 de가 없어도 장소에 대한 보어 역할을 한다. 단, 간접보어의 경우에는 예외적이다.

이 대명사의 다른 기능은 li 대신 hi가 사용되는 방법 부분과 술부 대치 부분에서 볼 수 있다.

   예 **No hi és.**
     그는 여기 없다.

04　**대명사 en**

'대명사 en'으로 한정되지 않은 직접 보어를 수식할 수 있다. 만약 보어가 한정사에 의해 선행된다면, 이것은 대명사에 의해 대치된 것이 아니다. 이것은 보어를 명백히 반복해 주는 것으로 '전치사 de'에 의해 유도된다.

   예 **No en tinc pas.**
     난 아무것도 갖지 못했다.

     En tinc quatre.
     난 4개를 입수했다.

     De segells, no en tinc pas.
     우표들을 가지고, 얻은 게 하나도 없다.

o5 대명사 em, et, ens, us, es

'대명사 em, ens'는 1인칭 단·복수의 직·간접 보어를 대체하고, '대명사 et, us'는 2인칭 단·복수의 직·간접 보어를 대체한다. 또 앞의 대명사들은 재귀적 용법에서도 그대로 사용된다. 3인칭의 경우는 '대명사 es'로써 단·복수 모두를 나타낸다.

> **예** Em quedo aquestes.
>
> 난 이것들을 가지고 있다.

o6 대명사 en

대명사 en은 전치사 de에 의해 유도된 명사적 보어를 대체한다.

> **예** Hi ha caixes de préssecs. I si en compréssim una caixa?
>
> 복숭아 상자들이 있다. 그러면 그곳으로부터 한 상자 사올까?

◉ 11. L'habitatge(2)(주거지)

el balcó 발코니	la barana 베란다	la corriola 도르레·활차(滑車)
el dipòsit 창고	l'escala 계단	l'esquerda 균열
la finestra 창문	els graons 층계	el jardí 정원
el lloguer 임대	el pagament 지불	el pany 자물통
la porta 문	el porticó (작은)창문	el preu 가격
el soroll 소음	la terrassa 테라스	el terrat 다락
el test 화분	la teula 기와	la teulada 기와 지붕
els vidres 유리	la xemeneia 굴뚝	

'동사 ser, estar, semblar'는 대명사 'ho'를 사용해 술부의 의미를 나타낸다.

만약 술어가 정관사의 뒤에 온다면, 그것은 성·수에 따라 'el(els), la(les)'에 의해 대치될 수 있다.

> **예** Constipat.
> 감기
>
> Sí que ho estic.
> 예, 전 감기입니다.
>
> Era el metge?
> 그는 의사였나요?
>
> Sí que l'era.
> 예, 그는 의사였어요.

'동사 fer-se' 일 때는 '대명사 en'을 이용할 수 있다.

> **예** S'ha fet ric?
> 그는 부자였나요?
>
> Sí que se n'ha fet.
> 예, 그는 부자였어요.

다른 동사들에서는 '대명사 hi'를 이용할 수 있다.

> **예** Es troba malament?
> 당신은 (몸 상태가) 나쁩니까?
>
> M'hi trobo molt.
> 아주 나쁩니다.

08 대명사 li, els

이 대명사들은 재귀 성격을 띄지 않는 3인칭의 간접 보어를 대치하는데, 단수에서는 'li' 그리고 복수에서는 'els'이다.

> 예 Li hem reservat la 127.
> 우린 당신을 위해 127번을 예약했습니다.

09 li 대신에 hi가 사용될 경우

재귀격이 아닌 3인칭 직접 한정 보어와 어우러질 때, 'li' 대신 'hi'를 사용한다.

> 예 Feia temps que l'hi devia.
> 오래 전에 당신에게 그것을 빚졌다.

10 대명사 en

'대명사 en'은 '전치사 de'를 포함해 유도되는 동사보어(부사)를 대신한다.

> 예 Quan en tornen.
> 그들이 그 곳으로부터 돌아 올 때

제 5 과 A què et dediques?
(넌 무슨일에 종사하니?)

Part 1

A : Hola, Albert, on vas?

B : Vaig a classe.

A : I hi vas cada dia?

B : No, només el dimart i el dijous.

A : Tu, on vas?

C : Cap a la feina. Jo sí que hi vaig cada dia.

A : Home, a la feina, jo tembé hi vaig cada dia.

C : Encara treballes al banc?

A : No, ja no hi treballo.

Part 2

A : Primer fas bullir l'aigua.

B : Ja està.

A : Ara hi poses el bacallà.

B : Hi afegeixo la sal?

A : No, la sal no s'hi afegeix fins a l'últim moment.

B : Despés el fregeixo?

Part 1

A : 안녕! Albert, 어디 가니?

B : 수업에 가.

A : 그럼 매일 수업에 가니?

B : 아니, 단지 화요일, 목요일만 가.

A : 넌 어디 가니?

C : 일하러, 난 일하러 매일 가야해.

A : 녀석, 일하려 간다고, 나도 매일 가야해.

C : 넌 아직까지 은행에서 일하니?

A : 아니, 이제 그곳에서 일하지 않아.

Part 2

A : 처음 물을 끓여라.

B : 다됐어.

A : 지금 거기에 대구(생선)를 넣어.

B : 여기에 소금을 칠까?

A : 아냐, 소금은 맨 마지막까지 넣지 말아.

B : 그 후에 그것을 넣으라고?

◉ 표현연구

1. HI vas cada dia?(넌 그곳에 매일 가니?)

위에 'hi'는 이미 언급한 장소를 말하는 대명사로 해석은 이곳, 그곳으로 말하는 사람의 상황에 따라 원·근을 따지도록 한다.

2. Només el dimart i el dijous...(단지 화요일과 목요일)

위에서 'Només'는 오직·단지를 나타내는 부사이고, 뒤의 요일을 나타내는 말은 모두 암기하도록 하자.

> **예** 월(Dilluns)　　　화(Dimarts)　　　수(Dimecres)　　목(Dijous)
> 금(Divendres)　　토(Dissabte)　　일(Diumenge)

3. Jo sí que hi vaig cada dia.(난 그곳에 매일가.)

위에서 'Sí que'는 질문한 사람에 대해 긍정 대답을 하는 것으로 강조의 성격을 띄고 있다.

4. Home...

'Home'은 '아니 이 사람이', '자식', '녀석' 등등 놀랄 때, 화날 때 나오는 감탄 어구로 의미는 없다. 원래 의미는 '남자'이지만 그 의미와는 상응하지 않음을 주의한다.

5. Primer fas bullir l'aigua.(처음에 물을 끓여라.)

'fas'는 'fer(~하게 하다. 하다. 만들다)'란 동사의 2인칭 단수 현재 표현이다. 하지만 여기서는 'fer+동사 원형'으로 사역동사의 성질을 갖는다. 그럼으로 '[동사원형]을 하게 한다'로 해석해야 한다.

Situació 5 — AL DESPATX
(사무실에서)

Sr. Vila : Bon dia , senyoreta Cases!

Srta. Cases : Bon dia , senor Vila! Con ha anat el viatge? molt llarg?

Sr. Vila : Hauria pogut anar més bé, peró ... què hi farem?
Fang pertot arreu. Ha plogut massa. Hi ha res de nou?

Srta. Cases : No, em sembla que no. Molta correspondència, això sí

Sr. Vila : Ah , miri! Agafi aquesta targeta I guardi-la bé!
Pot ser un client interessant.

Srta. Cases : Li faig una fitxa o no cal?

Sr. Vila : Sí , faci-li una fitxa! tinc cap visita avui?

Srta. Cases : A les 11 vindràa el senyor Mas, l'enginyer.

Sr. Vila : A les 11?

Srta. Cases : I quan el senyor Mas haurà sortit, tindrà un taxi que vindrà
a buscar-lo per anar al banc.

Sr. Vila : Molt bé. Per a la setmana que ve deixi lliure el dilluns i el
dimarts.
Hauré d'anar a Lleida a veure el senyor Roca.

Srta. Cases : Dilluns I dimarts , senyor Roca. Ja està. Alguna cosa més?

Sr. Vila : No, per ara em sembla que no, Acabi d'escriure les cartes.

◉ 어휘

viatge	여행
llarg	긴
Hauria	(haver의 가능법 3인칭단수) 완료를 만드는 조동사 역할
Fang	진흙
pertot	여기저기, 사방에
arreu	어디든
de nou	새로운
correspondència	교환, 교류
miri	(mirar의 접속법 현재 3인칭단수) 보다
agafi	(agafar의 접속법 현재 3인칭단수) 집다. 고르다
targeta	카드 증서
guardi	(guardar의 접속법 현재 3인칭단수) 지키다.
client	고객 손님
interessant	흥미있는, 관심있는
fitxa	표
faci	(fer의 접속법 현재 3인칭단수) 만들다.
visita	방문
vindrà	(venir의 접속법 현재 3인칭단수) 오다
banc	은행
setmana	주(7일)
ve	(venir의 접속법 현재 3인칭단수) 오다.
lliure	자유로운
acabi	(acabar의 접속법 현재 3인칭단수) 끝나다.
escriure	쓰다

L'hàbit mental de la solidaritat(1)

Encara que gairebé ho hàgim oblidat ens trobem en l'"Any Internacional per l'eradicació de la pobresa". És una crida a la responsabilitat davant les necessitats, per exemple, del vuit-cents milions de famolencs que en el llindar de l'any 2000 lluiten encara per la seva supervivència. Les dades aportades per les organitzacions de l'ONU precisen tràgicament que cada dia moren de fam 35.000 nens. I podríem preguntar-nos: i quants adolescents, adults o ancians?

Davant d'aquest drama enorme, cal una revisió de les actituds consumistes i hedonistes i es fa fonamental donar suport a les diverses organitzacions i moviments que volen alleujar els sofriments sorgits dels qui corren el risc de morir per falta d'aliment. També s'alcen veus en el concert mundial, adreçades sobretot a readicar les seves causes. Així, per exemple, Joan Pau Ⅱ ha proposat crear 'l'hàbit mental de la solidaritat".

REVISTA DE PENSAMENT I OPINIÓ 〈RE〉 -Número 8

◉◦ 어휘

hàbit 의복, 습관	solitaritat 결속, 단결	encara ~까지
oblidar ~ 잊다	eradicació 근절	crida 외침, 부름
famolenc 굶주림	lluitar 싸우다	ONU 국제연합(UN)
tràgicament 비극적으로	adolescent 청년기	adult 장년기
ancià 노년기	cal(casa+de의 줄임말)	consumista 소비주의자
hedonista 쾌락주의자	fonamental 근본적인	alleujar 가볍게 하다
sofriment 고통	adreçar 똑바로 하다	sobretot 특히
eradicar 근절하다	surgir 나타나다	

VI 동사

　*5가지의 동사 변화 형태를 보기 이전에 우린 먼저 영어의 BE동사에 해당하는 Ésser 동사와 Estar 동사를 보기로 하자.

01 현재형

	단수	복수
1인칭	sóc	som
2인칭	ets	sou
3인칭	és	són

02 불완료 과거형

	단수	복수
1인칭	era	érem
2인칭	eres	éreu
3인칭	era	eren

03 부정 과거형

※ 'ésser의 부정 과거형' 은 'anar+ésser 동사원형' 으로 완전히 대체되어 부정과거형의 고유
형태는 존재하지만 사용하지 않음을 주의한다. 이 동사 이외에도 모든 동사의 부정과거형은
'anar+동사원형' 으로 모두 대체 가능하다.

  예 Fins que va arribar en Santxo
  산초(Santxo)가 도착했을 때까지

04 미래형

	단수	복수
1인칭	seré	serem
2인칭	seràs	sereu
3인칭	serà	seran

05 가능법

	단수	복수
1인칭	seria	seríem
2인칭	series	seríeu
3인칭	seria	serien

o1 현재형

	단수	복수
1인칭	estic	estem
2인칭	estàs	esteu
3인칭	està	estan

o2 불완료 과거형

	단수	복수
1인칭	estava	estàvem
2인칭	estaves	estàveu
3인칭	estava	estaven

o3 부정 과거형

	단수	복수
1인칭	estiguí	estiguérem
2인칭	estigueres	estiguéreu
3인칭	estigué	estigueren

o4 미래형

	단수	복수
1인칭	estaré	estarem
2인칭	estaràs	estareu
3인칭	estarà	estaran

o5 가능법

	단수	복수
1인칭	estaria	estaríem
2인칭	estaries	estaríeu
3인칭	estaria	estarien

12. Els oficis(직업)

l'advocat 변호사
el bomber 소방관
el cap 사장
el cuiner 요리사
l'enginyer 기술자
el forner 제빵기술자
el jutge 판사
el metge 의사
el paleta 미장이
el perruquer 미용사
el venedor 판매자

l'aprenent 견습생
el botiguer 가게주인
el carnisser 정육점주인
el dependent 점원
l'escombriarire 청소부
el fuster 목수
el mecànic 기술자
el músic 음악가
el pastisser 제빵기술자
el sabater 구두 수선공
el viatjant 여행객

l'arquitecte 건축가
el cambrer 웨이터
el carter 집배원
l'encarregat 담당자
el ferrer 대장장이
l'infermer 간호사
el mestre 선생님
el pagès 농부
el peixater 어부
l'urbà 도시인

동사의 기본형 5가지 : -ar형, -re형, -er형, -ir형(-ir'형)

01 현재형

⟨ar형 : Cantar 노래하다⟩

	단수	복수
1인칭	cant-o	cant-em
2인칭	cant-es	cant-eu
3인칭	cant-a	can-en

⟨re형 : perdre 잃다⟩

	단수	복수
1인칭	perd-o	perd-em
2인칭	perd-s	perd-eu
3인칭	perd	perd-en

⟨er형 : témer 두려워하다⟩

	단수	복수
1인칭	tem-o	tem-em
2인칭	tem-s	tem-eu
3인칭	tem	tem-en

〈ir형 : servir 봉사하다〉

	단수	복수
1인칭	serv-eix-o	serv-im
2인칭	serv-eix-es	serv-iu
3인칭	serv-eix	serv-eix-en

〈ir'형 : dormir 자다〉

	단수	복수
1인칭	dorm-o	dorm-im
2인칭	dorm-s	dorm-iu
3인칭	dorm	dorm-en

02 불완료 과거형

〈ar형 : cantar〉

	단수	복수
1인칭	cant-av-a	cant-àv-em
2인칭	cant-av-es	cant-àv-eu
3인칭	cant-av-a	cant-av-en

〈re형 : perdre〉

	단수	복수
1인칭	perd-i-a	perd-í-em
2인칭	perd-i-es	perd-í-eu
3인칭	perd-i-a	perd-i-en

⟨er형 : témer⟩

	단수	복수
1인칭	tem-i-a	tem-í-em
2인칭	tem-i-es	tem-í-eu
3인칭	tem-i-a	tem-i-en

⟨ir형 : servir⟩

	단수	복수
1인칭	serv-i-a	serv-í-em
2인칭	serv-i-es	serv-í-eu
3인칭	serv-i-a	serv-i-en

⟨ir'형 : dormir⟩

	단수	복수
1인칭	dorm-i-a	dorm-í-em
2인칭	dorm-i-es	dorm-í-eu
3인칭	dorm-i-a	dorm-i-en

■ 참조

불완료 과거에서 알아두어야 할 불규칙 변화형 3가지 동사(Ésser, Fer, Haver-hi)

Ésser(-이다)

	단수	복수
1인칭	era	érem
2인칭	eres	éreu
3인칭	era	eren

FER(-만들다, -하다)

	단수	복수
1인칭	feia	fèiem
2인칭	feies	fèieu
3인칭	feia	feien

HAVER-HI(-있다 · -존재한다)

동사 변화형은 존재하지않고 한가지 형태만 존재함에 유의한다.

➡ Hi havia

예 Avui no hi havia sol.
오늘은 해가 없다(화창하지 않다).
No hi havia ningú que l'entengués.
내가 이해했던 것은 어떤 것도 존재하지 않는다.

13. El carrer(거리)

l'aparador 쇼 윈도우　　l'aparcament 주차장　　l'avinguda 가로수길
la baixada 내리막 길　　el baixador 휴게소　　la bústia 우체통
la cantonada 모퉁이　　el cartell 포스터　　la circulació 순환 · 교통
la direcció 직통　　la dreta 오른쪽　　el passatge 통행
l'esquerra 왼쪽　　el fanal 가로등　　el gual 여울
el passeig 산보　　el perill 위험　　la plaça 광장
la pujada 오르막길　　el semàfor 신호등　　la vorera 인도
el pas de vianants 횡단보도　　el senyal de tràfic 교통신호

o3 부정 과거

■ 참조

실제 대화 문장에서는「anar + infinitiu(동사원형)」형태가 주로 사용됨.

〈ar형 : cantar〉

	단수	복수
1인칭	cant-í	cant-à-rem
2인칭	cant-e-res	cant-à-reu
3인칭	cant-à	cant-a-ren

〈re형 : perdre〉

	단수	복수
1인칭	perd-í	perd-é-rem
2인칭	perd-a-res	perd-é-reu
3인칭	perd-é	perd-e-ren

〈er형 : témer〉

	단수	복수
1인칭	tem-í	tem-é-rem
2인칭	tem-e-res	tem-é-reu
3인칭	tem-é	tem-e-ren

〈ir형 : servir〉

	단수	복수
1인칭	serv-í	serv-í-rem
2인칭	serv-i-res	serv-í-reu
3인칭	serv-í	serv-i-ren

〈ir'형 : dormir〉

	단수	복수
1인칭	dorm-í	dorm-í-rem
2인칭	dorm-i-res	dorm-í-reu
3인칭	dorm-í	dorm-i-ren

04 미래

〈ar형 : cantar〉

	단수	복수
1인칭	cant-ar-é	cant-ar-em
2인칭	cant-ar-às	cant-ar-eu
3인칭	cant-ar-à	cant-ar-an

〈re형 : perdre〉

	단수	복수
1인칭	perd-r-é	perd-r-em
2인칭	perd-r-às	perd-r-eu
3인칭	perd-r-à	perd-r-an

〈er형 : témer〉

	단수	복수
1인칭	tem-er-é	tem-er-em
2인칭	tem-er-às	tem-er-eu
3인칭	tem-er-à	tem-er-an

〈ir형 : servir〉

	단수	복수
1인칭	serv-ir-é	serv-ir-em
2인칭	serv-ir-às	serv-ir-eu
3인칭	serv-ir-à	serv-ir-an

〈ir'형 : dormir〉

	단수	복수
1인칭	dorm-ir-é	dorm-ir-em
2인칭	dorm-ir-às	dorm-ir-eu
3인칭	dorm-ir-à	dorm-ir-an

■ 참조

※ 미래에서 알아두어야할 불규칙동사 변화형을 알아보자.

ANAR(−가다)

	단수	복수
1인칭	aniré	anirem
2인칭	aniràs	anireu
3인칭	anirà	aniran

FER(−하다, −만들다)

	단수	복수
1인칭	faré	farem
2인칭	faràs	fareu
3인칭	farà	faran

VENIR(-오다)

	단수	복수
1인칭	vindré	vindrem
2인칭	vindràs	vindreu
3인칭	vindrà	vindran

TENIR(-가지다)

	단수	복수
1인칭	tindré	tindrem
2인칭	tindràs	tindreu
3인칭	tindrà	tindran

o5 가능 시제

〈ar형 : cantar〉

	단수	복수
1인칭	cant-ar-ia	cant-ar-íem
2인칭	cant-ar-ies	cant-ar-íeu
3인칭	cant-ar-ia	cant-ar-ien

〈re형 : perdre〉

	단수	복수
1인칭	perd-r-ia	perd-r-íem
2인칭	perd-r-ies	perd-r-íeu
3인칭	perd-r-ia	perd-r-ien

〈er형 : témer〉

	단수	복수
1인칭	tem-er-ia	tem-er-íem
2인칭	tem-er-ies	tem-er-íeu
3인칭	tem-er-ia	tem-er-ien

〈ir형 : servir〉

	단수	복수
1인칭	serv-ir-ia	serv-ir-íem
2인칭	serv-ir-ies	serv-ir-íeu
3인칭	serv-ir-ia	serv-ir-ien

〈ir'형 : dormir〉

	단수	복수
1인칭	dorm-ir-ia	dorm-ir-íem
2인칭	dorm-ir-ies	dorm-ir-íeu
3인칭	dorm-ir-ia	dorm-ir-ien

06 완료형

완료는 「haver + participi passat(과거 분사)」의 형태로써 'haver 동사'의 시제 변화에 따라 '과거 · 현재 · 미래 완료'가 이루어진다.

	- ar 형	: cantar → cantat
	- re 형	: perdre → perdut
haver +	- er 형	: témer → temut
	- ir 형	: servir → servit
	- ir'형	: dormir → dormit

■ 참조

※ 완료형의 불규칙을 몇 가지 알아보도록 한다.

veure	→	vist	(보다)
venir	→	vingut	(오다)
tenir	→	tingut	(가지다)
haver	→	hagut	(존재하다)
valer	→	valgut	(가치 있다)

07 진행형

※ 진행은 「Estar + Gerundi(현재 분사형)」의 형태로서 'estar의 현재 · 과거 · 미래'의 형태로 '진행형의 현재 · 과거 · 미래'가 표현된다.

	-ar 형 : cantar → cantant
	-re 형 : pedrer → perdent
ESTAR +	-er 형 : témer → tement
	-ir 형 : servir → servint
	-ir' 형 : dormir → dormint

※ 5가지의 동사 변화 형태를 보기 이전에 우린 먼저 영어의 Be동사에 해당하는 Ésser 동사와 Estar 동사를 보기로 하자.

01 현재형

	단수	복수
1인칭	sigui	siguem
2인칭	siguis	sigueu
3인칭	sigui	siguin

02 과거형(pretèrit perget d'indicatiu)형

	단수	복수
1인칭	fui	fórem
2인칭	fores	fóreu
3인칭	fou	foren

o3 명령법(imferatiu)

	단수	복수
1인칭	X	siguem
2인칭	sigues	sigueu
3인칭	sigui	siguin

o1 현재형

	단수	복수
1인칭	estigui	estiguem
2인칭	estiguis	estigueu
3인칭	estigui	estiguin

o2 과거형

	단수	복수
1인칭	estigués	estiguéssim
2인칭	estiguessis	estiguéssiu
3인칭	estigués	estiguessin

03 명령법

	단수	복수
1인칭	X	estiguem
2인칭	estigues	estigueu
3인칭	estigui	estiguin

동사의 기본형 5가지 ; -ar형, -re형, -er형, -ir형(-ir'형)

01 현재

〈ar형 : cantar(노래하다)〉

	단수	복수
1인칭	cant-i	cant-em
2인칭	cant-is	cant-eu
3인칭	cant-i	cant-in

〈re형 : perdre(잃다)〉

	단수	복수
1인칭	perd-i	perd-em
2인칭	perd-is	perd-eu
3인칭	perd-i	perd-in

〈er형 : témer 두려워하다〉

	단수	복수
1인칭	tem-i	tem-em
2인칭	tem-is	tem-eu
3인칭	tem-i	tem-in

14. La ciutat(도시)

l'ajuntament 시청
la cansaladeria 소시지 집
el cementiri 묘지
l'escola 학교
l'estació (기차)역
la fruiteria 과일가게
el jutjat 재판소
el parc 공원
la presó 감옥
la sabateria 구두가게
els grans magatzems 백화점

el banc 은행
la carnisseria 정육점
el cinema 영화관
l'escorxador 도살장
la farmàcia 약국
el garatge 주차장
el mercat 시장
la pastisseria 제과점
el quiosc 구멍가게
el teatre 극장
la perruqueria 미장원

la botiga 가게
la caserna 군대
correus 우체국
l'església 교회
el forn de pa 빵집
la joieria 보석집
el supermercat 슈퍼
la peixateria 생선가게
la rellotgeria 시계방
la verduleria 야체가게
el port 항구

〈ir형 : servir 봉사하다〉

	단수	복수
1인칭	serv-eix-i	serv-im
2인칭	serv-eix-is	serv-iu
3인칭	serv-eix-i	serv-eix-in

〈ir'형 : dormir 자다〉

	단수	복수
1인칭	dorm-i	dorm-im
2인칭	dorm-is	dorm-iu
3인칭	dorm-i	dorm-in

02 과거

〈ar형 : cantar〉

	단수	복수
1인칭	cant-és	cant-éss-im
2인칭	cant-ess-is	cant-éss-iu
3인칭	cant-és	cant-ess-in

〈re형 : perdre〉

	단수	복수
1인칭	perd-és	perd-éss-im
2인칭	perd-ess-is	perd-éss-iu
3인칭	perd-és	perd-ess-in

〈er형 : témer〉

	단수	복수
1인칭	tem-és	tem-éss-im
2인칭	tem-ess-is	tem-éss-iu
3인칭	tem-és	tem-ess-in

〈ir형 : servir〉

	단수	복수
1인칭	serv-ís	serv-íss-im
2인칭	serv-iss-is	serv-íss-iu
3인칭	serv-ís	serv-iss-in

〈ir'형 : dormir〉

	단수	복수
1인칭	dorm-ís	dorm-íss-im
2인칭	dorm-iss-is	dorm-íss-iu
3인칭	dorm-ís	dorm-iss-in

03 명령 시제

〈ar형 : cantar〉

	단수	복수
1인칭	X	cant-em
2인칭	cant-a	cant-eu
3인칭	cant-i	cant-in

〈re형 : perdre〉

	단수	복수
1인칭	X	perd-em
2인칭	perd	perd-eu
3인칭	perd-i	perd-in

〈er형 : témer〉

	단수	복수
1인칭	X	tem-em
2인칭	tem	tem-eu
3인칭	tem-i	tem-in

〈ir형 : servir〉

	단수	복수
1인칭	X	serv-eix-im (= servim)
2인칭	serv-eix	serv-eix-iu (= serviu)
3인칭	serv-eix-i	serv-eix-in

〈ir'형 : dormir〉

	단수	복수
1인칭	X	dorm-im
2인칭	dorm	dorm-iu
3인칭	dorm-i	dorm-in

의미론적 측면: 직설법(indicatiu)

01 현재

- 직설법 현재는 말하는 그 순간에 발현되는 행위를 표현할 때에 사용된다.

  예 Espero el taxi.

  난 택시를 기다린다.

- 방금 전에 했던 행위를 표현할 때 사용한다.

  예 (A l'aeroport) Vinc de valència.

  (공항에서) 난 발렌시아로부터 왔다.

- 조금 후에 실현할 행위를 표현할 때 사용된다.

  예 demà torno cap a Barcelona.

  내일 나는 바르셀로나로 돌아간다.

- 습관을 표현할 때 사용된다.

  예 Sempre decideix això personalment.

  그는 항상 사적으로 이것을 결정한다.

- 미래를 나타내는 문장에서의 si 구문(가정법 구문)표현.

  예 Si no sóc al menjador, seré a l'habitació.

  만약 내가 식당에 없다면, 방에 있을 것이다.

- 직설법 불완료 과거 시제는 과거의 어느 시기에 실현되고 있던 행위를 표현한다.
  - 예 **Passiva per aquí davant i ho he pensat.**
    난 이곳의 앞쪽을 지나갔었고, 그리고 그것을 생각해왔다.

- 과거에 반복했거나 습관을 나타낼 때 사용한다.
  - 예 **Va dir-me que sempre patia.**
    그는 항상 피해를 입었다고 나에게 말했다.

- 점잖은 언행을 표현할 때 사용한다.
  - 예 **Volia un vestit.**
    그녀는 양장을 좋아한다.

- 접속법 과거 (불완료 과거)와 함께 사용되는 가능 상황을 표현할 때 사용된다.
  - 예 **Si compràvem una caixa de préssecs...**
    우리가 복숭아 한 상자를 샀었다면 …

15. El mercat(시장)

l'ampolla 술병	les balances 저울	les bosses de plàstic 비닐봉투
el cabàs 광주리	la caixa 상자	el calaix 상자 · 괘짝
la capsa 상자	el compte 계산	el davantal 앞치마
els diners 돈	la llauna 캔	la llista 품목
el taulell 계산대	el prestatge 진열장	el sac 주머니
el pot 물병	el paper d'embolicar 포장지	

03 부정 과거

• 지금까지 시행되어 오다가 방금 전에 끝난 행위를 표현할 때 사용된다.

  예 Li hem reservat l'habitació 127.

  우리 127호의 방을 그를 위해 예약했다.

＊참조 ; 까딸루냐 지방에서 과거 표현은「anar + indicatiu(동사원형)」: 우설법을 주로 사용
한다. 단, 우설법을 만드는 'anar동사'의 변화형이 원래 이 동사의 변화형과 다름으로
주의를 해야한다.

＊부정과거를 만드는 anar의 변화형

	단수	복수
1인칭	vaig	vam
2인칭	vas	vau
3인칭	va	van

※ 직설법 부정 과거(우설법)

• 완전히 과거시기에 끝난 행위를 표현한다.

  예 La meva secretària va telefonar.

  나의 비서가 전화했다.

• 실현된 과거의 행동 보다 조금 빨리 일어난 일을 표현한다.

  예 Quan vaig haver plegat vaig pensar-ho.

  내가 (종이 등의 무엇인가를) 접었을 땐, 그보다 전에 그것을 생각했었다.

04 미래

- 다가 올 행동을 실현하고자 할 때 표현하는 시제이다(단순미래).

  예 **Em trucaran des de París.**

  그들은 파리로부터 내게 전화할 것이다.

- 미래의 어느 시기보다 조금 빨리 일어날 일을 표현한다(복합 미래).

  예 **Quan haurà sortit tindrà un taxi que l'esperarà.**

  그가 나갈 때 그를 기다리던 택시를 탈 것이다.

05 가능 시제

- 이 시제는 과거에서 미래를 표현할 때 사용된다.

  예 **Hem pensat que li agradaria.**

  우린 그녀가 그에게 감사해야 한다고 생각해왔다.

- 이미 가망 없어진 사실을 표현할 때 사용한다.

  예 **Hauria pogut anar més bé.**

  그는 오히려 갈 수 있었는데, (가지 못했음)

- 적당한 사안에 확언 · 단언할 때 사용된다.

  예 **podríem anar-hi el dijous.**

  우린 목요일에 그 곳에 갈 수 있다.

- 상황에 따라 실현될 수 있는 가능성을 표현한다.

  예 **Si fóssim més amables vindries a posar-me-la.**

  우리가 만약 더 친절했었다면, 나에게 그녀를 끌어들일 수 있었을 텐데.

◉ 16. Els aliments(2)(식품)

l'albercoc 살구	l'albergínia 가지	l'all 고추
el bacallà 대구	la beguda 음료 · 술	el vi 포도주
les bledes 근대 · 부단초	els caramels 캬라멜	el carbassó 호박
la cervesa 맥주	els cigrons 이집트 콩	la cirera 버찌 · 앵두
el cogombre 후추	la farina 가루 · 분	les galetes 과자
els llagostins 가재	les llenties 편두, 콩	la llet 우유
la llimona 레몬	la maduixa 딸기	la mantega 버터
el meló 멜론	la mongeta tedra 강낭콩	la nespra 비파
la nou 호두	l'oli 기름	el plàtan 바나나
la poma 사과	el préssec 복숭아	la pruna 메실
el raïm 포도	la sindria 수박	la taronja 귤
la tonyina 참치	la xocolata 쵸콜렛	

06 완료 시제

• 완료 시제란 언급하는 시기를 지점으로 그 이전부터 그 때까지를 표현할 때 사용된다.

예 S'ho han menjat tot.

그들은 그것은 모두 먹어 치웠다. (현재완료)

Encara havia pensat una altra cosa.

그는 그 때까지 다른 것을 생각했다. (과거완료)

07 진행형 시제

- 진행형이란 말하는 시기를 시점으로 앞 · 뒤에서 계속되는 상황을 표현 할 때 사용 된다.

  예 Estic sopant.

  난 저녁을 먹고 있다.

  Ja estàs tocant la màquina una altra vegada?

  벌써 넌 또 타자를 치고 있니?

  Un moment, que ara s'està dutxant...

  잠깐 그는 지금 샤워를 하고 있어…

▶ 의미론적 측면: 접속법 (Subjuntiu)

※ 참고 : 'ésser'와 'estar'동사의 사용방법과 그 차이는 Ⅸ단원에서 참조하자.

01 현재

- 종속문을 표현 ; 불확실, 불안, 불가능 등을 표현할 때 사용된다.

  예 Hi ha algú que la serveixi?

  그녀를 위해 봉사할 누가 있을까?

- 부정적인 명령, 간청, 권유를 표현할 때 사용된다.

  예 No l' emboliqui pas encara.

  아직까지는 그것을 감지 마세요.

02 과거

- 불완료 의미의 표현 상황

① 가능성의 상황 표현

> **예** Si compréssim una caixa de préssecs, ···
>
> 만약 우리가 복숭아 한 상자를 산다면, ···

② 과거시제 동사에 대한 목적 표현

> **예** Només ho feia perquè et divertissis.
>
> 네가 즐거워하기 때문에 난 오직 그것을 했었다.

③ 과거에 대한 종속절 표현

> **예** El va espantar que li rodés el cap.
>
> 그녀는 그가 고개를 돌렸을 때 놀랬다.

- 완료 의미 표현 상황

① 주문(主文)의 주어에 대한 가능 · 의문 실현 사실을 표현 (현재 완료)

> **예** Gràcies que m'hagis convidat.
>
> 나를 초대해준 것에 대해 감사한다.

② 이미 가능성이 없는 상황을 표현 (과거 완료)

> **예** Si havessis vist, ...
>
> 만약 네가 보았다면, ···

※ 참고 : 우설법 (anar + infinitiu) 표현

→ 일반적으로 과거 시제 동사에 대한 종속문을 표현할 때 사용되며, 그 사용은 특히 제한적이고, 일반적으로 불완료 접속법 표현으로 대체된다.

> **예** Que hi vaig anar, compteu que s´ hi devia trobar molt, de malament.
>
> 너희가 생각하기에 내가 좋아 보인다고 했었지만 거기에 갔을 때에는 컨디션이 나빴다.

03 명령법

• 명령, 간청, 긍정적 권고를 표현할 때 사용한다.

  예 Agafa aquesta targeta!

  당신은 이 카드를 집으세요!

• 말을 내뱉는 것에 따라 그 문장이 사실인지 아닌지 기준을 잡을 수 있다.

① 현재 사실이 기준이 되는 문장의 시제

- Agafo(붙잡다; 현재 · 직설법)
- Agafi(현재 · 접속법)
- He agafat(현재 완료 · 직설법)
- Hagi agafat(현재 완료 · 접속법)
- Agafaré(미래 · 직설법)
- Hauré agafat(미래 완료 · 직설법)

17. El paisatge(풍경)

l'alzina 떡갈나무	l'arbre 나무	l'arrel 쌀
la bassa 물웅덩이	el bassal 물웅덩이	el bosc 숲
les branques (나무)가지	el camí 길	el xiprer 삼나무
la cova 동굴	l'escorça 나무껍질	el fang 진흙
les flors 꽃	la font 분수	les fulles 잎
la fusta 나무, 장작	la gla 도토리	l'herba 풀
el llac 호수	la llavor 씨	la masia 산장
la muntanya 산	la papallona 나비	la pedra 돌
el pi 소나무	el pinyó 솔방울	el poble 마을
el pollancre 버드나무	el pont 교각	el riu 강
el roure 떡갈나무	el suro 코르크	el tronc 줄기
el camp de conreu 농장지역		

② 현재의 비 현실감이 기준이 되는 문장의 시제

- Agafaria(가능법)
- Hauria agafat(가능법 완료)
- Agafés(불완료 과거 · 접속법)
- Hagués agafat(과거 완료 · 접속법)

예 La senyoreta Cases arriba tard perquè s'ha anat aturant a mirar el aparadors. Li hauria agradat anar al teatre, també, en comptes d'anar al cine. Però al teatre hi aniran el divendres.

Cases양은 쇼윈도우를 보려 멈춰 섰었기 때문에 늦게 도착했다. 영화관에 가는 것 대신 그는 또한 (연극) 극장에 가는 것을 좋아했다. 그러나 그들은 이 곳에서 금요일에 극장에 갈 것이다.

③ 현재가 아닌 사실이 기준이 되는 문장의 시제

- Agafava(불완료 과거 · 직설법)
- Vaig agafar(부정 과거〈우설법〉 · 직설법)
- Havia agafat(과거 완료 · 직설법)
- Vaig haver agafat(과거 완료〈우설법〉 · 직설법)

④ 현재가 아닌 때의 비 현실감이 기준이 되는 문장의 시제

- Agafaria(가능법)
- Hauria agafat(가능법 완료)
- Agafés(불완료 과거 · 접속법)
- Hagués agafat(과거 완료 · 접속법)

예 El mecànic va dir al senyor Vila que li podia portar el cotxe qualsevol dia. Això, si no hi tenia cap avaria important.
Quan el senyor Vila li va haver dit les coses que tenia, va quedar que li portaria el dilluns.
기능공이 Vila 씨에게 말하길 자기가 언제든지 그에게 차를 가져올 수 있다고 했다. 이것은 단 중요한 고장이 없을 때 해당한다. Vila씨는 그가 해야할 일이 그(기능공)이 월요일에 그를 데리러 온다는 것이었다.

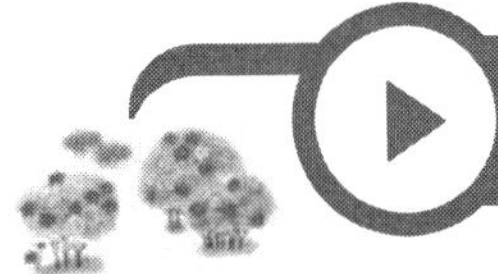

내재된 의미 시제	실제 행동				비 실제 행동			
	R	O	PR	P	I/S	I/NS	NI/S	NI/NS
agafo/agafi	×	±	×	×				
he agafat/hagi agafat	±		×					
agafaré			×	±				
hauré agafat			×					
agafaria								×
hauria agafat						×		
agafés							×	
hagués agafat					×			

참조 ; R = 회상 O = 회상도 전망도 아닌 것 P = 전망
I = 실제가 아닌 것 S = 주관적인 것
NS = 객관적인 것 NI = 실제인 것
× = 사용 가능함 ± = 일반적 사용

- 직설법과 접속법의 차이는 사실상 시제들이 하나의 주관적 의미를 담고 있느냐, 없느냐라는 것인데, 일반적으로 접속법의 사용은 구문상의 물음에 대한 필연적인 표현이다.
- 접속법 : 대체로 접속법은 관념의 법이고 직설법은 체험의 법이다. 주어진 행위 혹은 상태는 접속법에 의하여 이것을 표현하는 사람과 밀접한 관계를 맺는다. 말하는 주체가 특히 그의 의지 · 원망 · 불안 · 환상적인 세계상 따위를 접속법에 의하여 표현한다. 접속법은 말을 심리적으로 물들인다. 언어 주체와 관련을 맺게 하여 말을 내면화한다. 이것에 반하여 직설법에서는 주어진 행위 또는 상태가 이미 화자와의 관계가 없는 것으로 파악된다. 말하는 이는 이것들을 자기부터 독립된 것, 자기의 외부에 있는 것으로서 제시한다. 직설법은 현실 체험을 말하는 이가 확인한 사실 또는 승인한 사실을 그의 감정 또는 판단을 개입시키는 것 없이 표현하는 것이다. 직설법은 무엇보다도 사실 보고의 법이다.

비 현재 사실이 기준이 되는 시제

내재된 의미 시제	실제 행동				비 실제 행동			
	R	O	PR	P	I/S	I/NS	NI/S	NI/NS
agafava/vaig agafar	×	±	×	×				
havia agafat/ vaig haver agafat	±		×					
agafaria			×	±				×
hauria agafat			±			×		
agafés	×	±	×	×			×	
hagués agafat	±		×		×			

참조 ; R = 회상 O = 회상도 전망도 아닌 것
P = 전망 I = 실제가 아닌 것 S = 주관적인 것
NS = 객관적인 것 NI = 실제인 것
× = 사용 가능함 ± = 일반적 사용

• 직설법 내에서「우설법(anar + indicatiu)」과 보통 「직설법」 표현의 차이는 사실상 가장 중요한 것이 문장의 주요행동을 지적한다는 것이고, 한편 그 어구에 따른 불완료와 과거 완료의 구분은 부차적인 것이다. 직설법과 접속법의 차이는 앞의 표에서 지적했다.

제 6 과   Què et sembla?
(넌 어떻게 생각해?)

Part 1

A : Aquesta directa tindrà problemes. És massa jove per a aquesta escola, no us sembla?

B : A mi no em sembla malament. Potser una mica tímida.
I tu, David, què en penses?

Part 2

A : Decidit! Vaig a Anglaterra.

B : Quin avorriment! Són tan educats, tan metòdics, i tan artificials, quan volen ser simpàtics, els anglesos!

A : Això són tòpics ; a més, tant me fa : hi vaig per practicar l'anglès.

B : Doncs jo no em decideixo. Què et sembla Nova York?

A : Uff! Els americans són uns creguts i uns extravagants. I, a més, tot és caríssim.

B : Sí, és clar, com que a Anglaterra és tot tan barat!

A : 이 여 교장은 문제 있을 꺼야. 이 학교에선 너무 젊잖아?
　　너희들은 그렇게 생각하지 않니?

B : 내 생각에는 나쁘지 않다고 생각해. 아마 좀 소심하다 뿐일 껄.
　　그럼, David 너는 어떻게 생각해?

A : 결정했어! 나 영국 갈 꺼야.

B : 너무 따분해! 영국 사람들은 자신이 선하기를 바라기 때문에 너무 교과서적이고,
　　너무 바르고 인위적이지 않아.

A : 그건 너무 상투적인 것이고, 그 외에 내게 형성될 수 있는 것은 거기에서 영어를
　　연습하러 간다는 거야.

B : 그렇지만 난 결정하지 못했어, 넌 뉴욕에 대해 어떻게 생각하니?

A : 와우! 미국사람들은 허영이 심하고, 낭비가 심해, 그리고 게다가 모든 것이 너무
　　비싸.

B : 맞아. 그건 명백해. 영국은 모든 것이 좀 싸지!

◉ 표현연구

1. Què et sembla? Què en penses? (넌 어떻게 생각하니?)

   위의 두 문장에서 의문사가 'Com(어떻게)'가 아니고 'Què(무엇)'이 쓰인 것에 대해 주의해야한다. 단순히 의문사가 이렇다해서 이렇게 사용할 것이 아니라 문맥에 맞게 그들이 사용하는 방식으로 암기하자.

2. A mi no em sembla malament. (난 나쁘게 생각하지 않는다.)

   'Semblar 동사'의 구조는 다른 동사와는 틀리게 인칭 목적어가 주어의 역할을 함에 주의하자.

   예 Em sembla que...

   　　내 생각에는…

3. Quin avorriment! (따분한데!)

   감탄문의 형태로 「Quin/Quina + 명사」가 사용되며 명사의 의미를 더욱 강조하는 형태이다.

4. Quan volen ser simpàtics, ... (그들이 착해지길 바랄 때...)

   '관계 대명사 Quan(~때)'는 시기적 의미를 갖지만 문맥상 해석에서 드러나지 않을 수 있음에 혼동하지 않도록 하자.

5. Com que a Anglaterra...

   Com que는 '~와 같이, ~처럼'으로 표현한 것이다.

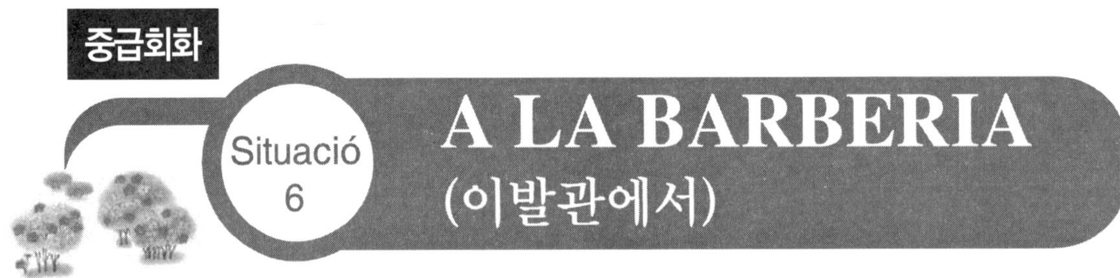

Barber   : Com ho forem això? Es vol rentar el cap també?

Sr. Mas : Sí. Rentar, tallor els cabells i afaitar la barba.

Barber   : I com els vol : tal com els porta, però més curts?

Sr. Mas : Com vulgui. Estic tip de portar-los tan llargs.
Valen igual, si pogués, al zero!

Barber   : Si pogués! Només faltaria que volgués!

Sr. Mas : No. Bé. Que em pugui fer la clenxa. De dalt me'ls talla bastant, que de seguida em baixen als ulls i sempre vaig escabellat. I de darrera al clatell, arreglats. I aquí que em quedin una mica així per damunt de les orelles. Sense escales, eh?

Barber   : Vol llegir mentrestant? No sé on són les estisores.
Eren a la butxaca de la bata i... Ah, aquí són!

Sr. Mas : No, no. Ja miraré el mirall.

Barber   : Quina poca confiança! Si el passigo, digui-ho.

Sr. Mas : Oh! també seria capaç d'arrencar-me'ls.

Barber   : Ah! Si per casualitat veiés el senyor Vila, digui-li que
Vingui a casa el dissabte, si li fes gràcia veure les meves pintures. Un dia m'ho va dir.

Sr. Mas : Sí. Quan el vegi li ho diré. que és pintor també?

Barber   : Una mica. Hi posarem colònia?

◉• 어휘

rentar	씻다
tallar	자르다, 깎다
cabell	머리카락
afaitar	면도하다
barba	수염
llarg	긴
tip	지겨운, 하기 싫은
clenxa	가리마, 양쪽으로 가른 머리(의 한쪽)
dalt	위쪽
ull	눈
escabellat	머리가 엉킨
clatell	목덜미
damunt	위
orella	귀
escala	계단, 층
llegir	읽다
mentrestant	그러는 동안
estisores	가위
bata	작업복, 실내복
mirall	거울
confiança	신뢰, 신용, 확신
capes	용량, 재간, 능력이 있는
arrencar	(뿌리 채) 뽑다, 빼앗다, 출발하다
pintura	그림

L'hàbit mental de la solidaritat(2)

Podríem preguntar-nos: en una societat relativista, com fonamentar aquesta solidaritat des d'un punt de vista humà? Per fer la proposta a les joves generacions, què pot justificar que hàgim de ser solidaris? Crec que la resposta és lacònica però evident: el sol fet de participar tots d'una mateixa existència. Ja al segle Ⅲ Tertulià escrivia: "Soc home i res del que és humà no m'és aliè". ?s un punt de partença, però cal anar més a fons: en els codis deontològics de les principals religions s'escriu una màxima: "No facis als altres et facin a tu". El cristianisme -factor afaiçonant de la cultura occidental- la posa en positiu: "Fes als altres allò que vols que els altres et facin a tu". No llegim aquesta màxima simplement com un imperatiu categòric nascut d'una instància transcendent: entenguem-la com una saviesa pròpia de l'ésser humà, la més útil per una bona convivència.

REVISTA DE PENSAMENT I OPINIÓ ⟨RE⟩ -Número 8

◎● 어휘

societat 사회	relativista 상대론의	fonamentar 토대를 만들다
proposta 신청, 제안	justificar 정당화하다	resposta 대답
lacònica 간결한	segle 세기	tertulià 동호 모임
aliè 타인의, 남의	partença 시작, 출발	deontològic 의무론의
altre 다른	factor 요인, 행위자	afaiçonar 형식·형태를 주다
posar 놓다, 정리하다	llegir 읽다	néixer 낳다, 태어나다
transcendent 탁월한	entendre 이해하다	saviesa 현명함, 지혜

▪ a, en : ~안에

예 Visc a Lleida, en aquell carrer.
난 저쪽 거리의 Lleida에 산다.

a, en : ~로 (향하여)

예 Vaig a Lleida, en aquell carrer.
난 저쪽 거리의 Lleida로 간다.

cap, cap a : ~를 향하여, ~방향으로

예 Vaig cap a Lleida.
난 Lleida 쪽으로 간다.

Véns cap aquí.
너 이쪽으로 와라.

per : ~통하여

예 Passo per aquí
난 이곳을 통해 간다.

●——>   de : ~로부터

예 Vinc de Barcelona.

난 바르셀로나로부터 왔다.

⊢——>   des de : ~로부터

예 Em trucaran des de París.

그들은 París로부터 내게 전화를 했다.

——>| fins, fins a : ~까지

예 Vaig fins a Lleida, fins allà.

난 저 쪽까지, Lleida까지 간다.

⇧   sobre : ~ 위에

예 Es posa un abric sobre el jersei.

그는 스웨터 위에 외투를 입는다.

⇩   sota : ~ 밑에

예 Porta un jersei sota l'abric.

그는 외투 밑에 스웨터를 입었다.

●○   amb : ~ 함께

예 Vaig amb abric.

난 외투를 입고 간다.

● ○   sense : ~ 없이

예 Vaig sense abric.

난 외투 없이 간다.

18. El temps atmosfèric(대기의 날씨)

la boira 안개	la gelada 얼음	la humitat 습기
l'huracà 태풍	els llamps 빛	la neu 눈
la nevada 설원	els núvols 구름	la pedregada 우박
el plugim 가랑비	la pluja 비	el ruixat 소나기
la tempesta 돌풍	el temps 기후	els trons 천둥
el vents 바람	el xàfec 소나기	la xafogor 후덥지근함

- 여기 Aquí

  예 En Ramon és aquí, al meu costat.
  Ramon은 나의 옆, 여기에 있습니다.

- 저기 Allà

  예 El lavabo és allà, al final del carredor.
  화장실은 복도 맨 끝, 저쪽에 있다.

- 멀리서 Lluny

- 가까운 (a) prop, a la vora

- 위에 (a) sobre

- 아래에 (a) sota

- 위로 (a) dalt

- 아래로 (a) baix

- 앞쪽에 (a/al) davant

- 뒤쪽에 (a/al) darrere

- 안쪽에 (a) dins, (a) dintre

- 바깥에 (a) fora

- 옆에 al costat

- 뒤에 al final

- 안에 al fons

- 중간에 al mig

- ~에서부터 멀리 Lluny de
  예 Lluny de minvar ha crescut.
    그것은 줄어드는 것과는 거리가 멀게 성장해 왔다.

- ~ 옆에, 가까이 prop de, a la vora, vora (de)
  예 M'ha costat prop de dues mil euros.
    그녀는 나를 위해 2만 유로 가까이 썼다.

- ~ 위로 dalt (de)
  예 Les cambres de dalt són més clares.
    위에 있는 방들이 더 밝다.

- ~ 아래로 sota (de)
  예 S'assegué sota un arbre.
    그는 나무 아래에 앉아 있었다.

- ~ 앞쪽에 davant (de)
  예 Passeu davant, si us plau.
    부탁입니다. 앞쪽으로 가시죠.

- ~ 뒤쪽에 darrere (de)

  예 Què hi ha darrere?

  뒤에는 뭐가 있냐?

- ~ 안쪽에 dins (de), dintre (de)

  예 Que són dins o fora?

  그들은 안에 있니, 밖에 있니?

- ~ 바깥에 fora (de)

  예 Les sabates eren fora de la capsa.

  구두는 상자 밖에 있었다.

- ~ 위에 sobre (de)

- ~ 아래에 sota (de)

  예 L'un era sobre, l'altre sota.

  하나는 위에 있었고, 다른 하나는 아래에 있었다.

- ~ 오른쪽에 a la dreta (de)

- ~ 왼쪽에 a l'esquerra (de)

  예 Els àrabs escriuen de dreta a esquerra.

  아랍인들은 오른쪽에서 왼쪽으로 글씨를 쓴다.

- ~ 옆에 al costat (de)

  예 Hi ha piano al costat de Santxo.

  산초 옆에 피아노가 있다.

- ~ 뒤에 al final (de)

  예 Arriba fins al final.

  나중에 마지막으로 도착하다.

- ~ 안에 al fons (de)

  예 El piano és al fons de la sala.

  피아노는 실내에 있다.

- ~ 가운데 al mig (de)
  - 예 Al mig de la plaça.
    광장 한 가운데서

- ~를 향해 per a
  - 예 Falten cinc minuts per a les vuit.
    8시 5분전이다.

- 지금부터 ~까지 d' aquí a
  - 예 surt d'aquí a després!
    지금부터 한시간 후에 나와라!

- 항상 sempre
  - 예 Sempre ho hem fet així.
    항상 우리는 그것을 그렇게 해왔다.

- 거의 ~않는다. mai
  - 예 No vaig mai al cinema.
    난 결코 영화관에 가지 않는다.

- 각각 cada
  - 예 Surt un cada hora.
    기차는 매 시간 출발한다.

- 곧, 일찍 aviat, d' hora
  - 예 No trigarà, vindrà aviat.
    늦지말고, 일찍 와라.

Sortirem d'hora.
우린 일찍 나올 것이다.

- 늦게 tard
  예 Has arribat tard, el tren ja ha sortit.
  네가 늦게 도착해서, 기차는 이미 떠났다.

- 지금 ara

- 지금부터 des d'ara

- 오늘 avui
  예 Avui és dissabte.
  오늘은 토요일이다.

19. Els animals(동물)

l'ase 당나귀	el bestiar 가축	el bou 황소
el cavall 말	el cérvol 사슴	el xai 새끼 양
la cort 소 우리	l'estable 마구간	l'euga 암말
la femella 암컷	el gall 수탉	el gall dindi 칠면조
la gallina 암탉	el galliner 닭장	el garrí 새끼돼지
la guineu 여우	la llebre 종양(種羊)	el vedell 송아지
el mascle 수컷	el mussol 수리부엉이	el niu 둥지
l'oreneta 참새	l'ovella 양	el pollet 병아리
el pollí 어린 나귀	el porc 돼지	la quadra 마굿간
el senglar 멧돼지	la truja 암돼지	la vaca 암소

- 어제 **ahir**

- 내일 **demà**

- 내일 모래 **demà passat**

- 그저께 **abans d'ahir**

- 어제 밤 **anit**

- 아침에 **al matí**

- 어제 아침에 **ahir al matí**

- 정오에 **al migdía**

- 오후에 **a la tarda**

- 저녁에 (해질 무렵에) **al vespre**

- 밤에 **a la nit**

- 새벽에 **a la matinada**

- 주초에 **els caps de setmana**

- 자주 **sovint**

- 가끔, 때때로 **a vegades**

- 주에 한번 **un cop la setmana**
  주당 한번 **un cop per setmana**
  매주 한번 **un cop cada setmana**

- 한 달에 3번 **tres cops al mes.**

- 아직 **encara**
  예 **Encara treballes al supermercat?**
  아직 넌 슈퍼에서 일하니?

- 이제 **ja**
  예 **No, ja no hi ha treballo. Ara treballo a ...**
  아뇨, 이제 그곳에서 일하지 않습니다. 지금 … 일합니다.

제 7 과 No n'hi ha cap
(그런 것이 하나도 없는데요.)

Part 1

A : A veure si estem més de sort.

B : Perdoni, jove. Hi ha habitacions lliures?

C : No, senyor. Ho sento, però està tot ple. : no n'hi ha cap.

B : Però que no hi cap habitació lliure, en aquest poble?

Part 2

A : Perdoni, aquest seient està lliure?

B : No ho sé, em sembla que no hi ha ningú.

A : Gràcies.

B : Ei, que aquest seient està ocupat.

A : Com que està ocupat? Aquí no hi ha ningú.

Part 1

A : 우리에게 행운 이상의 것이 있는지 봅시다.

B : 실례합시다. 젊은이. 빈방 있습니까?

C : 없습니다. 선생님 죄송합니다. 모두 꽉차서, 하나도 없습니다.

B : 빈방이 하나도 없음에도 불구하고, 이 마을에는 (빈방이 없을까)?

Part 2

A : 실례합니다. 이 자리가 비어 있나요?

B : 모르겠는데요, 제 생각에는 아무도 없는 것 같습니다.

A : 감사합니다.

B : 어! 이 자리 임자가 있는걸요.

A : 자리 주인이 있는 것 같다고요? 여기 아무 것도 없는데요!

◉• 표현연구

1. **A veure si estem més de sort.** (행운이 우리에게 있는지 봅시다.)
   위 표현에서 **Si**는 간접 의문문을 이끄는 접속사로 '-인지 아니지'로 해석을 하며 그 앞의 'Aveure'는 주위를 집중시킬 때, 자주 사용되는 어구이다.

2. **No n'hi ha cap.** (그럴 것이 하나도 없다.)
   위에서 'n'hi'는 'V단원 대명사' 단원을 참조해 합쳐질 때 생략하는 것을 보기로 하고, 'cap'은 셀 수 있는 명사를 부정할 때 사용한다는 것에 주의를 하자. 참고로 셀 수 없는 것에는 'gens'가 사용된다.

   예 **Té sucre?** (설탕이 있습니까?)
   No en queda gens. (하나도 없습니다.)

3. **Ho sento.** (죄송합니다.)
   여기서 **Ho**는 앞에 언급된 내용을 모두 수식하는 대명사로, '그것에 대해 유감이다'란 표현임으로 암기해 사용하도록 한다.

4. **Aquest seient està lliure?** (이 자리 비어있습니까?)
   자리나 방, 식당의 테이블 등등 사람이 있는지 없는지는 'està lliure(자리가 있다. 사람이 없다)', 'està ocupat(자리가 없다, 사람이 있다)'로 표현한다.

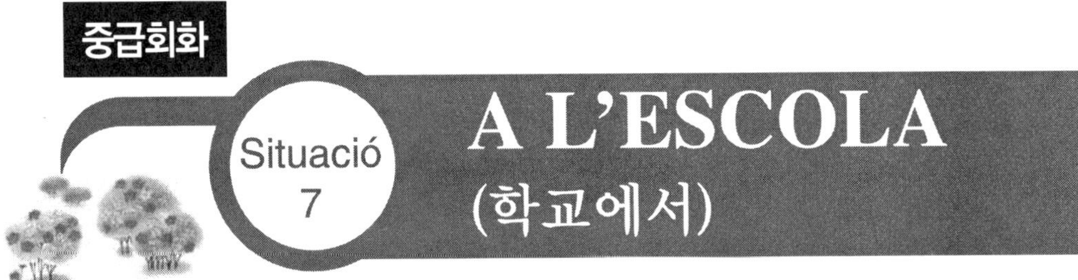

Mestre : De tots els alumnes que tinc el seu fill és potser el més intel·
ligent. Sàpiga, però, que és el desordre en persona.
Sempre es descuida el bolígraf, el llapis, la goma, un llibre,
una llibreta... Un dia es descuidarà la cartera.

Sra. Vila : Sí. Ves que li he dit de vegades :⟨Vulgues tenir una mica
d'ordre.⟩. Però no hi ha pas manera. Té massa el joc al cap.
És clar que encara és una criatura. I els exàmens?

Mestre : Estigui tranquil·la. Tot aprovat. I amb bones notes.
Geografia, història: llengua, molt bè. Gimnàstica i dibuix,
anar fent.
Sumes, restes, multiplicacions: divisions, bé, també.
Del que em queixo és que no calla mai. ?s molt xerraire.
Ja el pots castigar que ès con picar ferro fred.
I fa molt el pallasso, també. No sé pas quan estudia.

Sra. Vila : A casa bé vaig que es mira les lliçons: fa els exercicis abans
de venir al col·legi. Escolta a les classes?

Mestre : Sí. I pregunta. Per això sí que no l'he de renyar mai.
Se m'avança. Si he de dir:⟨Pugues tenir una mica de
paciència. Ja ho explicaré més endavant⟩.

potser	아마도
intel · ligent	지적인
descuidar-se	잊다, 망각하다
bolígraf	볼펜
llapis	연필
goma	지우개
llibre	책
llibreta	수첩, 메모장, 작은 책
cartera	책보, 파일
joc	놀이
Gimnàstica	체조, 운동
dibuix	그림
quexar-se	화를 내다, 짜증내다
xerraire	수다스런
ferro	철, 쇠
fred	차가운, 추운
pallaso	어릿광대
lliço	과, 단원
exercici	연습
col · legi	(단과)대학, 고등학교, 학교
escolta	(escoltar의 직설법 현재 3인칭 단수): 듣다
renyar	나무라다, 혼내다
paciència	인내
enclavant	앞으로, 앞쪽에

L'hàbit mental de la solidaritat(3)

Al segle XⅦ el poeta anglès John Donne, escrivia: "Cap home és una illa, complet en si mateix.../ la mort de qualsevol home em disminueix / per tant, no facis preguntar per qui toquen les campanes, toquen per a tu". Ernest Hemingway, inspirat en aquest passatge, va escriure la novel·la For whom bell tolls ("Per a qui toquen les campanes", 1940 ; la traducció catalana és del 1971), després portada al cinema. I podríem anar resseguint tot un riu d'actituds solidàries enmig del fang d'una història que sovint ha estat tràgicament insolidària.

REVISTA DE PENSAMENT I OPINIÓ 〈RE〉 -Número 8

◉◦ 어휘

cap 어떤	illa 섬	complet 완전한
mort 죽음	qualsevol 어떤 ~이라도	per tant 그래서
tocar 치다, 때리다	campana 종	passatge 통행(료)
potar 옮기다	resseguir 뒤에 남기다	enemig 적

구문적으로 명사의 모든 기능은 보어 문장을 만들 수 있고, 'que'라는 접속사에 의해 유도 될 수 있다. 가장 많이 쓰이는 기능은 직접 보어(목적어)로써의 기능이지만, 또한 주어를 보충하는 기능으로도 사용된다.

> 예 Suposa que és a casa seva.
> 그녀는 그가 그의 집에 있을 것이라고 가정한다.
>
> El que diu és que ell no hi ha anat.
> 그가 말한 것은 그가 여기로 가지 않았다는 것이다.

20. Mals i remeis(상처와 조치)

les benes 붕대	els blaus 멍	les butllofes 물집
el constipat 감기	el cop 매, 때림	el cotó-fluix 탈지면
la cremada 덴 상처	l'esparadrap 반창고	l'esgarrapada 할퀸 자국
l'esgarrinxada 할퀴기	la farmaciola 휴대용 약품	la febre 고열
la ferida 상처	els grans 성인	el guix 깁스
la inflar 혹	la injecció 주사	el mal 아픔
el malalt 병	la malaltia 병	el mareig 멀미
la mossegada 물어뜯기	l'ofec 질식	l'os 뼈
les pastilles 약 · 정제	les pelades때리기	la picada 찌르기
la pomada 연고	la sang 피	el singlot 딸꾹질
el tall 절단	el termòmetre 온도계	el xarop 시럽
la xeringa 주사기		

02 시제를 나타내는 문장

이 문장은 시간의 상황 보어 기능을 하고, 다양한 접속사에 의해 유도된다.

> **[시제를 유도하는 접속사]**
>
> quan(− 때), mentre(− 때), abans que(− 전에),
> cada vegada que(− 매번), després que(− 후에),
> fins que(−까지), sempre que(− 항상) …, etc.

접속사 'quan'은 주요 행동의 그 때, 그 바로 전이나 후의 상황을 표현할 때 사용될 수 있다.

> **예** Què ha fet quan ha vist els elefants?
> 그가 코끼리들을 봤을 때, 무엇을 했었나?

또한 주요 행동을 할 때, 동시동작의 표현은 현재 분사형에 의해 대체될 수도 있다. 그리고 이전 행동을 할 땐 복합 '현재 분사 (haver + P.P)형'에 의해 표현된다.

단, 위의 접속사 표현을 할 때에는 주어가 두 문장 모두 규칙에 따라 같아야 한다.

> **예** Sortint del despatx vaig pensar-ho.
> 난 사무실을 나가면서 그것을 생각했다.
>
> Havent sortit del despatx vaig pensar-ho.
> 난 나가기 전에 그것을 생각했다.

03 간접 의문 문장

의문문은 직접 보어 기능과 함께 다른 문장의 부분을 형성한다. 그러한 것을 그 때 간접 의문문 이라 표현한다.

만약 'Sí(예)' 또는 'No(아니오)'로 의문문이 구성된다면, 단순히 긍정·부정 대답이 나오는 문장일 것이고, 의문사를 동반하지 않을 것이며 '접속사 que'를 동반할 것이다.

간접 형태일 때, Sí 또는 No에 대한 질문 문장은 '접속사 si'에 의해서 유도된다.

예 Vas cap a Mallorca?
너는 Mallorca 쪽으로 가니?

Et demano si vas cap a Mallorca?
네게 간청하는데, Mallorca에 갈꺼니, 안 갈꺼니?

항상 의문사 뒤에 따라오는 의문문의 형태와 포괄적인 대답을 요구하는 의문문은 또한 간접형태에서 사용될 때, 그 의문사 뒤에 또 위치하게 된다.

예 On el pot trobar?
당신은 그를 어디서 봤느냐?

Ja saps on el pots trobar.
이미 너는 그를 어디서 봤는지 알고 있다.

04 조건문(가정문)

주요 문장(주절 문)의 행동이 실현됨에 의해 상황을 표현하는 것이 '가정문'이다.
가장 빈번히 쓰이는 접사는 'si'이고 문장들은 3개의 그룹으로 구분된다.

① 실제 상황

이 경우에는 직설법을 사용한다.

예 Si vas a Mallorca m'ho diràs?
네가 Mallorca에 갈지 안 갈지, 나에게 그것을 말할래?

② 가능성있는 상황

이 경우에 동사는 접속법 불완료 과거 또는 직설법 불완료 과거를 사용한다.

예 Si anaves (anés) a Mallorca m'ho diries?
네가 Mallorca로 갈 수 있는지 없는지, 내게 그것을 말해줄 수 있겠지?

③ 불가능한 상황

이 경우에 동사는 접속법 과거완료를 사용한다.

> 예 Si haguessis anat a Mallorca m'ho hauries dit?
> 만약 네가 Mallorca로 간다면, 나에게 그것을 말할 수 있었을 텐데?

05 형용사적 관계 문장

미리 자리 잡고 있는 생각을 설명하거나 정의함에 따라서 한정 관계사 또는 설명 관계사로 언급할 수 있는데, 이것들은 항상 쉼표(coma) 뒤에 온다.

> 예 Agafa una targeta que li dóna.
> 그는 그녀에게 준 카드를 집었다.
>
> El mestre, que n'està molt content, li ho ha dit.
> 그것에 아주 만족스러워하는 선생님이 그에게 그것을 말했었다.

관계사가 주어 또는 직접 보어, 즉 전치격이 아닌 요소로 기능할 때, '대명사 que'를 사용한다. 사실 이러한 경우에는 구어체에서 많이 쓰인다.

> 예 Són bèsties que no fan gaire gràcia.
> 많이 감사할 줄 모른다면 짐승이다.

관계사가 전치 보어의 역할을 할 때 사람에 관해 사용한다면 '관계사 qui'를 사용하고 사건을 다룰 때는 'què'를 사용한다. 이 때 위치는 상응하는 전치사 뒤에 놓이며, 관사는 동반하지 않는다. 그러나 이런 경우에 까딸루냐 어의 기본 구조를 파괴시키는 요인은 없지만, 반대로 장소를 나타내는 관계사 'on'은 영향을 미친다.

이 경우에는 'a' 또는 'en'의 전치사와 결합할 때, 그 관계사의 앞에 놓이는 전치사를 생략한다.

> 예 L'escola on estudia en Jaume és nova.
> Jaume가 공부하는 학교는 신설이다.

다른 경우의 관계 형용사는 기본 문법 구조에 필요 없는 영향을 미칠 때, 문법적 참고 사항에서 그것들을 제외시킨다.

명사적 관계 문장은 주격 또는 보어적 종속절 문장 안에서 명사 기능을 한다.

여기서 관계사는 어떤 선행사도 갖지 않는다. 그리고 각각 사람이나 사물(사건)을 다룰 때, 'qui' 또는 'què'를 적용한다. 관계사 'qui'는 정관사 뒤에 따라올 수 있는데, 관계사가 주어 또는 직접 보어 역할을 할 때 해당한다. 그러나 전치사가 동반할 때는 그렇지 못하다. 관계사 'que'는 항상 정관사 뒤에 온다.

> 예 Qui paga mana.
> 돈 지불한 사람이 명령한다.
>
> El qui venia darrera meu té la culpa.
> 나의 뒤에 온 사람이 잘못했다.
>
> El que diu és que ell no hi ha anat.
> 말한 것은 그가 여기에 가지 않았다는 것이다.
>
> Del que es queixa és que no calla mai.
> 그가 불평한 것에 대해(그가 불평했지만), 사실 그는 조용하지 않다.

07 형태상 문장

형태상 문장은 주문(主文)에 대해 종속문의 형태상 문장으로 기능한다. 가장 많이 사용되는 접속사는 'com'과 'com si'이다. 뒤쪽의 접속사는 항상 접속법 불완료 과거 또는 과거 완료와 사용된다.

> 예 Feia com si no ho veiés.
> 그는 마치 그것을 본 것처럼 행동했었다.

주문(主文)의 동작에 관하여 종속문의 동작 결과를 표현할 때 사용한다.
가장 많이 사용되는 접속사는 de manera que와 특히 que가 많이 사용된다.

> 예 Feia una cara que valia la pena retratar-lo.
> 그는 그릴만한 가치 있는 얼굴 형태를 갖췄다.

08 결과 문장

종속 문장에서의 동작은 주문 동작의 결과를 표현한다. 가장 자주 쓰이는 접속사는 구어체에서는 'perquè'이다. 동사는 항상 접속법으로 사용된다.

> **예** L'esquitxava perquè s'empipés.
> 그는 그녀에게 물을 끼얹었다. 그래서 그는 화가 났었다.

09 원인 문장

원인 문장은 대등문을 말하는데, 대등문 중의 하나는 다른 문장의 원인이 되는 행동을 표현한다. 원인 문장이 최초의 문장일 때, 일반적으로 'com que'의 접속사를 사용하며, 두 번째 문장 앞에 접속사 'per això'를 놓는다. 원인 문장이 두 번째에 사용될 때는 접속사 'perquè'를 사용한다. 규칙에 따라 사용할 때의 동사는 직설법을 사용한다.

> **예** Ho diu perquè hi has anat.
> 그는 그것을 말한다. 왜냐하면 네가 그 곳에 갔었기 때문이다.

10 접속 문장

두 문장이 접속하는 경우에 긍정일 때는 접속사 'i'를 동반한다. 그리고 부정의 의미를 내포할 때는 접속사 'ni'를 동반한다. 두 번째의 경우, 첫 번째 문장의 부정 부사 'no'가 또한 접속사 'ni'에 의해 대치될 수 있다.

모든 경우에 일반적으로 첫 번째 문장 안에서의 일반적인 요소는 두 번째 문장에서 생략해준다.

> **예** Plou i fa sol.
> 비가 오고, 해가 나왔다.
>
> No plou ni neva.
> 비도 안 오고, 눈도 안 온다.

Ni plou ni neva.

비도 눈도 안온다.

Avui vaig a Barcelona i demà a Lleida.

오늘 난 Barcelona로 간다. 그리고 내일 Lleida로 간다.

11 분리 문장

접속사 'o'를 가지고 두 문장은 거의 양립될 수 없게 된다. 만약 완전히 하나의 문장을 표현하려 한다면, 접속사 'o'를 두 문장 모두 앞에 둘 수 있다.

첫 문장에 있는 공통 요소는 두 번째 문장에서 생략해 준다.

예 Tenia por o ho semblava.

그는 무서워했거나, 그렇게 생각했었다.

O vas a Barcelona o a Girona.

넌 Barcelona로 가던, Girona로 가던 (둘 중에 하나를)가라.

Vindràs amb bicicleta o sense?

넌 자전거로 올 거냐 아니면 그냥 올 거냐?

12 배반 문장

배반 문장은 어떤 한 생각을 다른 생각으로 바뀜을 나타내는 문장을 말한다.
일반적으로 접속사 'però'가 사용된다.

예 No tinc el número del telèfon, però el puc buscar a la guia.

난 전화번호를 가지고 있지 않지만, 그러나 그것을 전화번호부에서 찾을 수 있다.

◉ 21. Les eines(연장)

la barrina 드릴	els cargols 나사	la clau anglesa (영국식)못
els claus 못	el corrent elèctric 전류	les eines 연장
l'escala 계단	l'escarpra 끌	el filaberquí 송곳
el fil elèctric 전선	el filferro 철사	el forat 구덩이
el guix 회반죽	el martell 망치	els visos 광택 · 윤기
el nivell 수평기, 수준기	el pinzell 화필	el punxó 송곳
el ribot 솔	la serra 톱	el sostre 지붕
els tacs 나무 못	les tenalles 못뽑이	el terra 땅 · 바닥
el tornavis 드라이버		

13 양보 문장

두 문장의 동작은 거의 불가분의 관계이다. 그러나 그 두 문장 중 한 문장의 동작은 다른 것을 현저히 나타나게 한다. 배반의 문장과 아주 비슷하게 두 문장 사이에 접속사 'però'를 가지고 합치시키고, 두 번째 문장 중간에 집어넣는다. 그리고 'per això'를 가지고 두 번째 문장 뒤에 배치하고, tot i que를 두 번째 문장의 앞쪽에 또한 배치한다.

예 Vull un vestit : que no costi gaire diners, per això.
난 이렇게 많은 돈을 들이지 않았어도 옷이 좋다.

14 비교 문장

이 문장은 두 문장 사이의 비교를 나타내는데, 접속구는 tant ⋯ com ; com més ⋯ més ; com més ⋯ menys ; com menys ⋯ menys ; com menys ⋯ més 등등이 사용된다.

예 Com més esperaràs més et costarà.
네가 더 기다린 만큼, 너는 더 희생해야 할 것이다.

✶ ✶ ✶ ✶ ✶ ✶

22. El coxte i la moto(자동차와 오토바이)

l'accelerador 악셀

el canvi de marxes 변속기

el comptaquilòmetres 거리 미터기

el contacte 접촉 장치

l'eixugaparabrises 와이퍼

els intermitents 방향지시 등

el mirall retrovisor 백미러

el parabrisa 차유리

el pneumàtic 타이어

la roda 바퀴

el volant 핸들

el para-xocs 범퍼

la rascada 긁힘

la botzina 경적

el cinturó de seguretat 안전벨트

el compta-revolucions 속도계

el dipòsit de gasolina 주유 통

l'embragatge 크러치

els llums (llargs/curts) 차등(상향/하향)

el nivell de l'oli 오일 수준기

el parafang 흙 받이

la punxada 펑크(찌르기)

el seient 좌석

el xoc 충격

el tub d'escapament 배기구

el fre 브레이크

제 8 과 Qui és aquell senyor...?
(저분은 누구죠?)

Part 1

A : Qui és aquell senyor que porta el vestit verd?

B : Quin? El que duu la corbata groga?

Part 2

A : Què li sembla, se'l vol emprovar?

B : Sí, sisplau. Una talla 40.

A : Ho sento, senyora Torres. No en tinc cap més de blava ; però aquesta verda és molt bonica.

B : Sí, està bé ; Però ara la brusa no pot ser vermella.

A : 초록 옷을 들고 오는 저 분은 누구시죠?

B : 누구요? 노란색 넥타이를 매고있는 분이요?

A : 당신은 그것을 입어보시는 게 어떻습니까?

B : 네, 치수 40으로 부탁합니다.

A : 죄송합니다. Torres 부인, 파란색의 것 이외에는 더 이상 없습니다.

하지만 이 초록색이 아주 예쁜걸요.

B : 예, 좋은데요, 하지만 빨간색 블라우스는 없겠죠.

◎ 표현연구

1. **Com és en Xavier...** (Xavier는 어때?)

다른 언어와는 틀리게 이름 앞에 관사를 붙이는 것을 유의하자.

예 **Jo sóc en Santxo.**

나는 Santxo입니다.

2. **Se'l vol emprovar?** (그것을 입어 보시겠습니까?)

'Voler + 동사원형(~원하다)'의 형태를 암기하도록 하고, 목적 대명사의 결합 형태에 유의하자.

3. **verd**(초록색), **groga**(노란색), **blau**(파란색), **vermella**(빨간색) 등등 색깔 표현을 암기하도록 하자.

흰색(Blanc), 검정색(Negre), 밤색(Marró)

AL PIS
Situació 8
(주택에서)

Sra. Vila	: Apa! S'acosta el casament, eh? Tot a punt?
Srta. Cases	: Ai, sí. Bastant. Falta la caldera de la calefacció, encara.
	Ha de venir a veure'ns el pis. Si visqués lluny..., però vivint
	al mateix barri...
Sra. Vila	: Sí que vindré. Més endavant.
Srta. Cases	: És força gran. Hi ha rebedor, un corredor bastant ample,
	cuina i menjador, una sala d'estar, tres habitacions i terrat.
	Ja hi tenim el mobles.
	Els van portar aquest dia que estava plovent.
Sra. Vila	: Què els fa falta, que els pugui regalar?
Srta. Cases	: Ui, no ho sé. Tenim de tot. Copes de xampany, de vi,
	dotzenes de culleres, forquilles i ganivets.
	Gots, plats i olles, tasses, paelles, plates, pots, el porró···
	que sé jo. Fins i tot l'escombra, la baieta i la galleda de les
	escombravies hi tenim.
Sra. Vila	: I alguna cosa de roba? Un joc de taula?
Srta. Cases	: Prou. Estovalles i tovallons sempre fan servei.
	Jocs de llit, en tinc. Uns llençols!··· I mantes, i estores.
	El pare ens va comprar la nevera, el forn i els fogons, i a
	casa d'ell un rellotge de paret i el tocadiscos.

◉▪ 어휘

acostar-se	접근하다, 기울다
casament	결혼
caldera	솥, 가마니 솥
calefacció	스팀
caldera de calefacció	스팀보일러
visqués	(viure의 접속법 과거 3인칭 단수): 살다
lluny	멀리
barri	울타리, 구역
endavant	앞쪽으로
força	힘
rebedor	응접실
corredor	복도
ample	넓은
cuina	부엌
menjador	식당
sala	방
terrat	옥상, 옥탑
moble	옷장
copa	컵
xampany	샴페인
vi	포도주
cullera	수저, 숟가락
forquilla	포크
ganivet	칼, 나이프
got	컵
plat	접시
olla	냄비
tassa	컵, 잔
paella	프라이팬
pot	주전자, 포트
porró	물병

escombra	빗자루
baieta	걸레
galleda	쓰레받기
estovalla	모포, 이불
llençol	커버, 시트(이불)
nevera	냉장고
forn	화로, 렌지
fogó	부뚜막

L'hàbit mental de la solidaritat(4)

Ara serà necessari crear una pedagogia fonamental perquè cada generació humana pugui descobrir aquesta germanor bàsica, sense oblidar que d'altres interessos econòmics i ideològics només fan que enfosquir-la entre els humans.

Si interioritzem aquesta solidaritat bàsica, els gests per fer-la palesa sorgiran de manera espontània, gairebé natural. La solidaritat no serà una fita a la qual hàgim d'arribar després d'un discurs llarg i costerut. Serà un "hàbit mental", inscrit en el moll de l'os de la nostra existència.

REVISTA DE PENSAMENT I OPINIÓ 〈RE〉 -Número 8

◉ 어휘

pedagogia 교육학	descobrir 발견하다	germanor 친화, 친밀
oblidar 잊다	interès 이익	enfosquir 어둡게 하다
interioritzar 상세히 알리다	palès 명백한, 확실한	espontània 자발적인
fita 이정표	arribar 도착하다	discurs 사고, 사색
costerut 비탈진	inscriure 새기다	moll de l'os 골수, 뼈 속

01 질문과 응답 구조

구어 언어에서 보다 많이 쓰이는 형태 중의 하나인 이 구조로부터, 질문을 긍정 또는 부정에 따라 두 개의 큰 부분으로 나눌 수 있다. 그 응답은 주제의 정도나 질문의 많은 상황에 따라 엄청나게 많아질 수 있다. 그러나 사람들은 그들의 목적에 가장 효율적인 결과와 가장 알맞은 수치로써 그들이 생각해 온 가장 보편적인 방법으로만 대답의 방법을 사용해 왔다.

① 긍정적 질문

> 예 Vas anar a Barcelona? - Sí.
> 넌 Barcelona에 갔었니? - 예.
>
> Vas anar a Barcelona? - No.
> 넌 Barcelona에 갔었니? - 아니요.

만약 사람들이 질문을 할 때, 동의를 구하거나 아니면 반대 의사를 나타내고자 할 때는 대답에서 간단하게 긍정 부사 'Sí' 또는 부정 부사 'No'를 사용할 수 있다.

> 예 Vas anar a Barcelona? - Sí, ahir.
> 넌 Barcelona에 갔었니? - 예, 어제요.
>
> Vas anar a Barcelona? - No, a Girona.
> 넌 Barcelona에 갔었니? - 아니요, Girona에 갔어요.

만약 질문에서 모든 요소에 동의한다면 질문에서의 반복되는 요소를 사용하지 않고, 긍정 부사 'Sí' 뒤에 특별한 사항만 집어넣어 표현한다.

또 질문에 대해 동의하지 않을 때는 질문에서 반복되는 요소를 제외시키고, 부정 부사 'No' 뒤에 특별히 다른 사항만 집어넣어 표현한다.

예 Vas anar a Barcelona? - Sí que hi vaig anar.
넌 Barcelona에 갔었니? - 네, 그곳에 갔었죠.

Vas anar a Barcelona? - No hi vaig anar./ No que hi vaig quedar.
넌 Barcelona에 갔었니? - 아뇨, 그곳에 가지 않았습니다.

'Sí que' 와 'No que'의 구조로 질문을 구성했던 어휘를 강조 반복한다.

주문(主文)에서는 화자가 의도하는 것에 반대되는 행동을 표현할 수 있다.

예 No pensava anar-hi, però vaig anar.(긍정적 대답일 경우)
난 그 곳에 가려 생각하지 않았지만, 그러나 갔었다.

Pensava anar-hi però no hi vaig anar.(부정적 대답일 경우)
그 곳에 가려 생각했지만, 그러나 난 그 곳에 가지 못했다.

② 부정적 의문

부정 의문을 만들 때, 긍정적으로 대답이 나오길 기대하기 때문에 일반적으로 앞에서 공부했던 그 규칙을 따른다. 대답은 부정일 때, 화자가 생각했던 것과 반대이며 긍정적일 땐 확신을 갖는 것이다. 하지만 대부분의 경우에 억양이 훨씬 중요하다.

02 장소 상황일 때, 전치사 'a' 와 'en'

두 개의 전치사 'a' 와 'en'은 장소 상황 보어를 나타낼 때에 장소 그 자체를 나타내거나, 장소를 지나거나 그 장소를 향할 때 사용된다. 언제 어떤 전치사가 쓰이는지 알아보도록 하자.

① 고유 명사 앞에서 전치사 'a'의 사용은 필수다.

예 Vaig a Lleida.
난 Lleida로 간다.

Visc a Lleida.
난 Lleida에 산다.

② 정관사 앞의 'a'와 의문사 'quin' 앞에서는 전치사 'a'가 주로 사용된다.

> **예** Sóc a l'aeroport.
> 난 공항에 있다.
>
> Vaig a l'aeroport.
> 난 공항으로 간다.
>
> A quin aeroport són?
> 당신들은 어느 공항에 있습니까?
>
> A quin aeroport van?
> 당신들은 어느 공항으로 가십니까?

③ 부정 관사 앞에서는 전치사 'en'이 주로 사용되고, 부정 형용사(否定 形容詞)와 지시사 앞에서도 전치사 'en'의 사용이 선호된다.

> **예** Sóc en un aeroport.
> 난 어느 공항에 있다.
>
> Vaig en aquella muntanya.
> 난 저 산에 간다.
>
> En algun lloc ho trobaràs.
> 어떤 장소에서 넌 그것을 볼 것이다.

④ 일반적으로 모음 앞에선 전치사 'en'이 사용되고, 자음 앞에서는 전치사 'a'가 선호되곤 한다.

> **예** Vaig a muntanyes desconegudes.
> 난 알지 못하는 여러 산에 간다.
>
> Anem en amunt.
> 우린 아래쪽으로 간다.

23. Els viatges(여행)

l'aeroport 공항	l'allotjament 숙박	l'anada 편도
l'andana 플렛홈	l'avió 비행기	el bitllet 표
el creuer 순양함	la data 날짜	el desert 사막
l'embús 장애	l'equipatge 짐	l'estada 체류기간
el globus 구(球)	l'illa 섬	el lloc 장소
la lluna 달	la volta 선회	el paracaigudes 낙하산
el món 세계	l'oceà 대양	l'oest 서쪽
el sud 남쪽	el passatge 요금	els viatges 여행
la platja 관람석	el Pol Nord 북극	el preu 가격
la sortida 출발	la tornada 도착	la tren 기차
les vacances 휴가	el vaixell 배	el mitjà de transport 운송수단

---

03 현재 분사 꼴의 우설법

※ 「동사 continuar(… 계속하다), anar(가다), estar(있다)」와 현재 분사의 결합으로 우설법을 만든
다. 용례(用例)를 보자.

① Continuar + 현재 분사

아직까지 동작이 완료되지 않음을 지적하며, 중지되었던 행동이 다시 시작되는 것도 의미한다.

> 예 No s'ha pas despertat ; continua dormint.
> 그는 전혀 깨지 못했고, 계속 자고 있었다.
>
> És molt d'hora perquè et llevis : continua dormint.
> 네가 일어나기 위해선 많은 시간이 남았다. 그는 계속 잔다.

② Anar + 현재 분사

현재 분사에 의해 표현되는 행동의 진행을 표현한다.

> 예 Ha anat mirant els aparadors.
> 난 진열장을 계속 봐왔다.

③ Estar + 현재 분사

현재 분사에 의해 표현되는 행동의 지속을 표현한다.

> 예 Fa estona que t'estic esperant.
> 잠깐 전부터 난 너를 기다리고 있다.

04 부정적 의미를 가진 단어의 주위 어구

① 어휘 cap, res, ningú, enlloc, mai i gens 등은 긍정적 의미를 가지고 있고, 이 어휘들은 각각 어떤, 어떤 것(사물), 어떤, 어떤 위치에, 언젠가, 조금의 뜻으로 사용된다.

• 어구가 의문일 때.

> 예 Vols res més?
> 넌 어느 정도를 더 원하니?

• 어구가 가능문일 때.

> 예 Si mai vas a Lleida no ho veuràs.
> 만약 네가 Lleida에 가지 못한다면, 넌 그것을 보지 못할 것이다.

• 위와 같은 이런 타입의 어구들에서 부사 No를 동반하며 부정의 의미를 갖는다.

> 예 No vols res més?
> 넌 좀 더 원하지 않니?

Si no vas mai a Lleida no ho veuràs.

만약 언젠가 네가 Lleida에 가지 않는다면, 그것을 못 볼 것이다.

② 위 ①번에서 언급했던 어휘들과 'tampoc'은 항상 부정적 의미를 갖는다. 그러나 부사 No를 동반해야 한다. 그리고 까딸루냐어에서 두 개의 부정사는 긍정(이중부정)을 의미 하지 않는다는 것에 주의해야한다.

> 예 No m'ho hauria pensat mai.
>
> 그는 언젠가 내게서 그것을 고려해 주지 않았었다.
>
> Tampoc no m'ho vau dir.
>
> 그는 또한 내게 그것을 말하지 않았다.

③ 긍정 어구에서는 'algun', 즉 수치상의 어느 정도를 표시하는 어휘를 사용하기 때문에 숫자를 셀 수 있는 사물을 다룰 땐, 'una mica(de)' 라는 조금의 의미를 갖는 어휘를 사용하며, 부정 어구에서 셀 수 없는 사물을 다룰 땐 각각 'cap'과 'gens(de)' 라는 어휘를 사용한다.

> 예 Tinc un problema : tu no tens cap problema.
>
> 난 문제가 하나 있다. 넌 어떤 문제도 가지고 있지 않다.
>
> Tinc dos cotxes ; tu no en tens cap.
>
> 난 두 대의 차를 가지고 있다. 넌 그것을 가지고 있지 않다.
>
> Tinc una mica de pa : tu no en tens gens.
>
> 나 조금의 빵을 가지고 있다. 넌 그것을 조금도 가지고 있지 않다.

④ 다음 경우들에서 '부사 No'가 허사로 사용된 것을 볼 수 있다.

(1) 두 번째 어구가 비교문이면서 주문이 긍정일 때, 접속사 'que' 뒤에서 종속절 어구의 뒤 쪽에 사용된다. 만약 종속문에서 동사를 생략하면 또한 'No'를 없앨 수 있고, 짧은 단어 인 pas를 가지고 강조할 수도 있다.

> 예 Treballa més ell en una hora que no treballes tu en un dia.
>
> 그는 네가 어느 날인가 일한 것보다도 한시간 내에 더 일을 한다.

= Treballa més ell en una hora que no tu en un dia.

= Treballa més ell en una hora que no pas tu en un dia.

= Treballa més ell en una hora que tu en un dia.

(2) 완전 접속사 que로 유도되는 문장일 때, 비교문 두 번째 어구 앞쪽에 놓인다.

　예 Més val que ho diguis que no (pas) que callis.
　네가 조용히 있는 것 (가치 없는 것)보다 그것을 말하는 것이 더 가치가 있다.

(3) 비교의 두 번째 어구가 원형 부정사, 현재 분사, 과거 분사와 함께 부정의 No를 수반해 시작될 때, 'no pas'를 사용해야 한다.

　예 Més val anar-hi avui que no pas no anar-hi mai.
　언제라도 그 곳에 안 간다는 것보다는 오늘 그 곳에 가는 것이 더 가치있다.

(4) 접속사 'abans que(~전)'로 유도되는 문장에는 번역되지 않는 허사 No를 사용할 수 있다.

　예 Telefona abans que marxi.
　그녀는 그가 가기 전에 전화한다.

　Telefona abans que no marxi.
　그녀는 그가 가기 전에 전화한다.

(5) 두려움을 뜻하는 동사의 접속절에서는 접속법을 사용하며, 번역되지 않는 허사 no를 그 곳에 함께 사용할 수 있다.

　예 Tinc por que marxin.
　난 그들이 떠나는 것이 두렵다.

　Tinc por que no marxin.
　난 그들이 떠나는 것이 두렵다.

05 원형 부정사 우설법

※「동사 tornar a, començar a, acabar de」와 원형 부정사(infinitiu)가 합쳐져서 우설법을 만든다.

① Tornar a + 부정사

- 행동의 반복을 의미한다.

  예 Abans havia cantat ; va estar molt temps sense cantar ; ara torna a cantar.

  그는 전에 노래를 했었고, 노래를 안하며 한동안 있었으나 지금 다시 노래를 한다.

② Començar a + 부정사

- 지속적인 행동의 시작을 의미한다.

  예 Començo a escriure un llibre.
  난 책을 쓰기 시작했다.

③ Acabar de + 부정사

- 행동이 거의 끝남을 의미하거나, 방금 전에 끝이난 행동을 의미한다.

  예 Espera't un moment que acabo d'escriure la carta.
  그는 내가 편지를 다 썼을 무렵에 널 기다린다.

  Ara mateix acabo d'escriure la carta : ja podem marxar.
  난 지금 방금 편지를 다 썼다. 이제 우리는 출발한다.

◉ 24. La Festa Major(축제)

la baldufa 팽이	el ball 춤	les bitllet 볼링놀이
el campionat 선수권	els titelles 곡예	el trencaclosques 독수리
el concert 콘서트	els contes 이야기	la cursa 도로
el dibuix 그림	el dinar 점심	el drac 용
l'envelat 철야	els escacs 장기	l'estel 별
la festa 축제	la fira 장(場)	els gegants 거인
els jocs 놀이	el llibre 책	el lleó 사자
el mico 긴꼬리 원숭이	el nan 난쟁이	la nina 여자아이
l'orquestra 오케스트라	l'ós 곰	el partit 출발
la pilota 공	la revetlla (축제)전야제	la xocolatada 쵸콜렛
el castell de focs 불꽃(놀이)	el xiulet 휘파람 소리	el timbal 벨

06 Ésser와 Estar 동사의 사용

① 동사 ésser의 사용은 항상 아래의 의미로 이용된다.

(1) 존재, 사실성, 현실적 위치

> 예 Oi que és això?
> 그렇지 않습니까?
>
> És que he de discutir amb ell un problema urgent.
> 사실 그와 급한 문제를 상의해야만 한다.

(2) 소속, 항상 전치사 de가 동사 뒤 에 함께 한다.

> 예 Aíxò és d'ella.
> 그것은 그녀의 것이다.

(3) 의미

> **예** Aprovar-ho tot és molt per a ell.
> 그것 모두를 통과했다는 것은 그를 위해서 잘된 것이다.

② 항상 의미를 가진 어구들과 사용된다.

(1) 현재 분사 앞에서 사용

> **예** Està treballant.
> 그는 일을 하고 있다.

(2) 부사 bé(좋은)와 malament(나쁜)의 앞에서 사용

> **예** Tots estan bé.
> 모든 것들은 좋은 상태이다.
>
> Aquest problema està malament.
> 이 문제는 나쁜 상태이다.

(3) 어떤 일의 마무리, 끝냄

> **예** Ja està.
> 이제 끝이다.
>
> Estigués, no veus que em faràs enfadar?
> 그만, 넌 네가 나를 화나게 할꺼란 것을 모르냐?
>
> Estiguis quiet!
> 조용히 해!

(4) 어떤 일을 하는데 걸리는 (시간 등의) 표현

> **예** De vegades s'està hores a explicar un accident.
> 번번이 사고 상황을 설명하는데 시간이 걸린다.

③ 장소의 상황 보어와 사용하는 경우.

(1) 동사 ésser는 주어가 사물일 때 사용.

> 예 Les estisores eren a la butxaca.
> 가위는 주머니에 있다.

(2) 주어가 사람 또는 생명체이고, 사건이 일어난 순간의 장소를 언급할 때 동사 ésser를 사용한다.

> 예 Si no sóc a l'habitació seré al menjador.
> 만약 내가 방에 없다면, 식당에 있을 것이다.

(3) 주어가 사람 또는 생명체이고, 어느 정도 길이의 시간에 어떤 장소에서 머물 땐, 동사 'estar'를 사용한다. 더욱이 동사 'habitar'(거주하다), 'viure'(살다)의 의미로 사용된다.

> 예 A la platja hi estarem quinze dies.
> 관장 거기서 우린 15일을 머물 것이다.
>
> Ara ens estem a Lleida.
> 지금 우리는 Lleida에 있다.(살고 있다)

④ 접속 동사로서 사용하는 경우

(1) 주어가 비 생물체일 때, 동사 ésser의 사용

> 예 Aquest vestit és bonic.
> 이 옷은 예쁘다.

(2) 명사 또는 대명사로 표현되는 범주에 속하거나, 형용사에 의해 표현되어 지속적으로 질적인 인정을 받는 의인화된 사물 또는 사람이 주어가 될 때 동사 'ésser'사용.

> 예 El seu fill és molt xerraire.
> 그의 아들은 아주 수다쟁이이다.
>
> 예 El senyor Mas és enginyer.
> Mas씨는 기술자이다.

⑶ 주어가 사람 또는 순간적으로 질적인 인정을 받는 의인화된 사물일 때, 동사 estar를 사용한다.

> 예 La senyoreta Cases no està segura de saber-los fer.
> Cases양은 하고자해서 알려고 하는 것들에 대해 확신이 없다.

07 우설법의 용례

① 가능성 표현

> Deure + 동사원형(infinitiu) = ～일 것이다.

> 예 Dec estar mal fixada.
> 난 잘 집중할 수 없다.

> Deu ésser estranger.
> 그는 외국인인 것 같다.

② 의무 표현

> Haver de + 동사원형(infinitiu) = ～ 해야만 한다.(유인칭)

> 예 Heu de girar la palanca.
> 너희들은 조종간을 돌려야 한다.

> Has d'estirar cap aquí.
> 넌 이쪽으로 당겨야 한다.

> Haver-se de + 동사원형(infinitiu) = ～ 해야만 한다.(무인칭)

> 예 S'ha d'estirar la maneta.
> 핸들을 돌려야 한다.

> S'han de pitjar aquests botons.
> 그들은 저 버튼들을 눌러야 한다.

제 9 과 Què és això?
(이것은 무엇입니까?)

Part 1

A : Què és això?

B : És la vaixella. Albert, Rafael, que és molt delicada!

Part 2

A : Pere, té el teu jersei?

B : No és pas el meu, és el d'en Ferran. El meu és aquest de ratlles.

A : Carme, aquesta jaqueta és teva?

Part 3

A : Bon dia. En què la puc servir?

B : Ahir vaig perdre una bossa.

A : Una bossa? Com és?

B : És de pell, de color marró.

A : És gaire grossa?

B : No, no gaire.

Part 1

A : 이것은 무엇입니까?

B : 그것은 그릇 세트입니다. Rafel 너무 섬세해서 놀라는 구나!

A : 그럼 저건 무엇인가요?

Part 2

A : Pere, 넌 너의 스웨터가 있지.

B : 아니, 나의 것은 없어, 그것은 Ferran이 꺼야.
  내것은 이본이 있는 이거야.

A : Carme, 이 자켓이 네 것이니?

Part 3

A : 안녕하세요, 무엇을 도와드릴까요?

B : 어제 가방을 잃어버렸어요.

A : 가방이요? 어떻게 생겼죠?

B : 가죽 재질이고, 밤색입니다.

A : 많이 두껍게 되었나요?

B : 아뇨, 많이 두껍지는 않아요.

◉● 표현연구

1. Què és això?(이것이 무엇입니까?)

   'això(이것)' 와 'allò(저것)', 중성 지시사는 성수와 상관없이 사용된다.

   그리고 복수형이 없다는 것에 주의한다.

2. No és pas el meu.(나의 것은 없다.)

   'pas' 는 부정 문장에서 부정을 강조할 때 사용된다.

3. Vaig perdre una bossa.(가방을 잃어 버렸다.)

   「anar + 동사원형」은 부정과거를 의미한다. 단 여기에서 사용되는 'anar 동사'의 원래 동사

   변화와 조금 다른 변화형에 주의하자.

   *우설법으로의 anar동사의 변화형

	단수	복수
1	vaig	vam
2	vas	vau
3	va	van

   ※ 원래 anar 동사의 1 · 2인칭 복수는 anem, aneu이다.

4. És de pell, de color marró.(가죽 재질이고, 밤색이다.)

   'Com és això?' 등의 질문의 대답으로서 재질을 얘기할 때, 형용 보어는 형용사로 이루어지

   거나 명사일 때는 전치사 'de'를 함께 한다는 것에 유의한다.

AL CARRER
(거리에서)

Situació 9

Sra. Vila : I he pensat : 《Surt a voltar una mica》, però poc pensava queplogués tant. I de passada he comprat un àlbum per plantar-hi les fotografies de les vacances d'aquest estiu, carpetes, capses de colors, sobres, gomes d'esborrar, guixos per a la pissarra, quaderns... i com que demà és l'aniversari del nostre casament, he anat a l'estanc de la plaça a comprar un encenedor d'or i una pipa per regalar al meu marit.

Sra. Ruis : Encara té tanta feina el seu marit?

Sra. Vila : Ui sí. Sempre li dic : 《Ven-te una part del negoci i viu amb una mica més de tranquil · litat, home!》. Però ell hi va fent el sord. Venent-ne una part no aniríem tan estrets.
No, ni de bon tros. Hi ha hores que m'hi ben barallo.

Sra. Ruis : Vostès sí que tenen una bona guardiola, per això.
No devent res a ningú, que n'hi ha de diferència!
Deguessin tants bitllets com nosaltres! Ara torno del banc : un compte corrent, pobre! i lletre protestades i interessos... i de duros ben pocs. I vagi pagant jornals, sap?

Sra. Vila : Ah, això sí. Sempre la mateixa cançó.

◉ 어휘

voltar	돌리다, 회전하다
pensava	(pensar의 직설법 불완료과거 3인칭 단수): 생각하다
plogués	(ploure의 접속법 과거 3인칭 단수): 비 오다
àlbum	앨범
plantar	정리하다, 집어넣다
fotografia	사진
vacance	휴가, 방학
estiu	여름
carpeta	서류철
capsa	상자
sobre	봉투
goma	고무(지우개)
esborrar	지우다, 없애다
guix	분필
pissarra	칠판
quadern	노트, 공책
demà	내일
aniversari	기념일, 휴일
casament	결혼
plaça	광장
encenedor	라이터
pipa	파이프 담배
regalar	선물하다
marit	남편
feina	일, 업무
negoci	협상
sord	귀머거리의, 안 들리는
estret	좁은
tros	조각
barallo	꾸짖음
guardiola	큰 상자

billet	표
compte corrent	구좌 (은행)
lletra	글, 편지
jornal	저널, 신문, 잡지
cançó	노래

Què és per a vostè la pobresa?(1)

La pobresa és molt relativa. Pobresa vol dir tota mancança de quelcom que és necessari per viure amb dignitat. Els diferents vessants de la pobresa són el material, el psicològic, el moral(ètic), la mancança de valors. Per a mi, aquesta darrera seria la primera perquè fa que no tingui sentit la vida i això comporta moltes d'altres pobreses. Sovint parlo de persones que pateixen la pobresa i, moltes vegades, de tot tipus de pobres. Persones que no tenen res ni ningú, ni allò necessari per viure: aliments, casa... La pobresa no sempre és marginació, però la marginació sempre és pobresa, una pobresa que acaba en misèria. Eradicar la pobresa és impossible però donar-nos tots la mà i donar-la a auelles que no tenen ningú que els hi agafi, disminueix la pobresa. Parlar d'eradicar la pobresa és una utopia; fer-la minvar és possible.

Sor GENOVEVA MASSIP
directora del Centre Sta. M. Lluïsa de Marillac

REVISTA DE PENSAMENT I OPINIÓ ⟨RE⟩ -Número 8

◉ 어휘

pobresa	가난, 빈곤
relativa	상대적
voler	~를 좋아하다
mancança	결핍
quelcom	어떤 것
dignitat	품격, 품위
vessant	흐름, 샘
material	물질적인
psicològic	심리적
moral	도덕적
ètic	윤리적
darrera	뒤에
sovint	자주
parlar	말하다
patir	고통을 주다
tipus	타입
marginació	고립, 격리
acabar	끝나다
mà	손
agafar	잡히다, 취하다
disminuir	축소되다
utopia	이상세계, 유토피아
minvar	줄어들다, 쇠퇴해지다

Què és per a vostè la pobresa?(2)

La manca de qualsevol capacitat, en quantitat i/o qualitat personals, en l'orde de l'ésser, del tenir o del fer, provoca una situació de pobresa personal. La pitjor mancança son les limitacions i buits, acceptant-los amorosament, però actiu per omplir-los és ric en pobresa d'esperit i en saviesa.

La misèria és perdre aquesta visió, no creure en un mateix i/o en els altres per sortir, abandonant-se a aquesta creença, perdent la dignitat d'home condicionat però lliure per aprofitar els recursos personals per mínims que siguin.

SALVADOR FERRÁN I PÉREZ-PORTABELLA

advocat

REVISTA DE PENSAMENT I OPINIÓ ⟨RE⟩ -Número 8

◉● 어휘

manca 결핍	capacitat 능력	quantitat 양적
qualitat 질적	tenir 소유하다	fer 하다, 만들다
provoca 자극하다	pitjor 더 나쁜	buit 텅빈
omplir 채우다	esperit 정신	saviesa 지혜
perdre 잃어버리다	visió 관찰, 목격	creure 믿다
abandonar 포기하다, 버리다	creença 확실	lliure 자유
aprofitar 도움이되다	recursos 수단, 방법	seguir 추종하다, 따라가다